AS MURALHAS VÃO CAIR

PE. REGINALDO MANZOTTI

AS MURALHAS VÃO CAIR

COMO FAZER UM CERCO DE JERICÓ EM SUA VIDA

petra

PETRA EDITORA
Rua Candelária, 60 – 7º andar – Centro – 20091-020
Rio de Janeiro – RJ – Brasil
Tel.: (21) 3882-8200

Foto de capa: Felipe Gusso

NIHIL OBSTAT
Pe. Fabiano Dias Pinto
Censor arquidiocesano

+ José Ant. ~~~~~

IMPRIMATUR
† Dom José Antônio Peruzzo
Arcebispo Metropolitano de Curitiba
Curitiba, 11 de fevereiro de 2020

CIP-BRASIL. CATALOGAÇÃO NA PUBLICAÇÃO
SINDICATO NACIONAL DOS EDITORES DE LIVROS, RJ

M253m
 Manzotti, Reginaldo
  As muralhas vão cair: como fazer um Cerco de Jericó em sua vida / Reginaldo Manzotti. - 1. ed. - Rio de Janeiro: Petra, 2020.
  176 p.; 23 cm.

  ISBN 9788582781708

  1. Igreja Católica - Orações e devoções. 2. Grupos de oração - Cristianismo. I. Título.

Meri Gleice Rodrigues de Souza - Bibliotecária CRB-7/6439
24/01/2020 24/01/2020

SUMÁRIO

INTRODUÇÃO

Nos tempos atuais, é muito comum a realização de "Cercos de Jericó" nas comunidades cristãs.

Muitas pessoas saem edificadas e recebem graças por meio dessas celebrações. Em geral, são muito fervorosas e envolventes. Porém, será que você sabe de onde provém este rito celebrativo?

Ele tem origem bíblica, todos sabem, mas nem sempre se compreende o contexto histórico e pedagógico dos fatos narrados.

Os primeiros capítulos deste livro têm, pois, o objetivo de levar o leitor a uma imersão na história do povo de Israel e situá-lo em relação ao plano salvífico de Deus.

Na mesma proporção em que houve uma popularização dos "Cercos de Jericó", disseminou-se o uso do termo "as muralhas vão cair". No contexto bíblico do Antigo Testamento, imediatamente identificamos que se trata da muralha da cidade de Jericó, última resistência antes que o povo de Deus, liderado por Josué, tomasse posse da Terra Prometida. Ter conhecimento disto, sem dúvida, é de fundamental importância, mas não basta. Como vincular, após tantos séculos, essa história de perseverança e vitória à realidade dos que, hoje, com tanto ânimo, se propõem a "fazer" um Cerco de Jericó na própria vida? Como identificar quais são as muralhas a derrubar?

Vale lembrar que também existem muralhas erguidas e solidificadas no seio da própria Igreja. O mesmo se aplica à sociedade contemporânea de modo geral, que, nas palavras do Papa Francisco, cria muros e uma periferia existencial isolada e excludente.

Mas este livro vai além. Abordamos, também, um fato ocorrido no início do pontificado de São João Paulo II, que resgatou esse riquíssimo fruto do Antigo Testamento. Identificado como o primeiro Cerco de Jericó dos tempos recentes, ele revela a própria vontade de Deus de que sua Igreja e os cristãos de hoje se valham desse instrumento de oração, clamor e intercessão.

O leitor verá, ainda, no decorrer dos capítulos, que é preciso fazer uma releitura dos elementos da grande vitória e derrubada da muralha de Jericó. Refiro-me, em especial, à antiga Arca, que constituía a presença visível de Deus e que veio a ser substituída pela total e real Presença Divina, isto é, Jesus Cristo.

Fiz questão, ainda, de trazer uma das fórmulas disponíveis (bem como suas exigências) do rito do Cerco de Jericó. Antecipo que o rito apresentado aqui não é algo já presente nos livros de rito da Igreja, nem mesmo o único existente, mas corresponde ao que comumente tem sido aplicado. E, apesar de não ser uma liturgia oficial, podemos observar que as orações, os salmos, as leituras das Sagradas Escrituras e seus outros elementos estão relacionados com a forma habitual de rezar do povo de Deus e pertencem à tradição católica.

A necessidade de treinar a vida de oração e de sermos pessoas íntimas de Deus ocupará alguns capítulos, uma vez que não temos como derrubar nenhuma muralha, por mais frágil que seja, sem oração. Pelo contrário, à medida que crescemos em conhecimento, vemos que é graças ao poder da prece que podemos conquistar tudo.

Na escola da oração, nos inspiraremos no exemplo de João, o apóstolo e evangelista que foi moldado pelo próprio Jesus, que lhe deu três grandes presentes. Além de descobrir quais são eles, entenderemos que também são oferecidos a nós pelo mesmo Jesus. Nesse caminho de aprendizado, ainda teremos como referência alguns místicos e doutores da nossa Igreja, como Santa Teresa d'Ávila, Santo Agostinho e São Pio de Pietrelcina.

Aprofundando mais nossa jornada, será possível pedir e rezar os frutos do Espírito Santo. Isso nos capacita e não nos deixa desanimar na espera da graça, fazendo-nos crescer em Deus.

O sétimo capítulo é inteiramente dedicado à oração que o próprio Jesus nos ensinou, isto é, ao Pai-nosso, bem como ao modo de rezá-lo. Veremos como não se trata de uma fórmula a ser decorada e mergulharemos em cada uma de suas petições, a fim de nos redescobrirmos como filhos de um Deus magnânimo que se deixa chamar de Pai.

Veremos, em seguida, como Maria foi preparada desde sua concepção para ser a Mãe de Nosso Senhor e como, mesmo sendo a escolhida de Deus, ela sempre esteve na retaguarda de Jesus. Também teremos a oportunidade de abordar como a falta de relatos sobre a Virgem nos Evangelhos tem um propósito claro — deixar em primeiro plano a evangelização — e como ela se comporta nos momentos cruciais da vida do Filho. Apesar dos poucos registros que há sobre Maria, é possível reconstituir os principais momentos de sua vida e nos identificar com ela em algumas dimensões do seu sofrimento.

Chegou, portanto, a hora.

Você tem muralhas a serem derrubadas?

Quer fazer um verdadeiro "Cerco de Jericó" em sua vida?

Venha comigo descobrir o poder da oração e como é imensa e maravilhosa a ação de Deus, que por meio de Jesus Cristo quis mostrar a incomparável riqueza da sua graça (cf. Ef 2, 7).

CAPÍTULO 1
DE ONDE VEM A FORÇA QUE DERRUBA MURALHAS

Não há dúvidas de que o poder de Deus é capaz de aniquilar todas as forças malignas e transformar vidas. Contudo, para dificultar nosso acesso a esse pacote infinito de bênçãos e graças, existe o que costumamos chamar de "muralhas", algo que nos mantém aprisionados, ladeados por paredes, sem condições de alcançarmos a felicidade plena, ou simplesmente de caminhar. Em minha missão como orientador espiritual, escuto todo tipo de queixa e frustração, mas a verdade é uma só: muitas dessas paredes e correntes que nos aprisionam e nos fazem perder o domínio sobre nossa própria vida, chafurdando na ruína material e espiritual, são construídas por nós mesmos.

Todos sabemos que é cada vez maior o número de pessoas que se sentem isoladas, deslocadas, cercadas de muros e paredes por todos os lados. Vivem em uma espécie de bolha de isolamento, como se não pertencessem a nada nem a ninguém, acostumados, por exemplo, a substituir diálogos íntimos e significativos com entes próximos por um mero dispositivo tecnológico. Não é à toa que vejo inúmeras famílias se esfacelando por causa disso.

Agora, responda com sinceridade: é assim que você quer continuar sua caminhada neste mundo?

Podemos derrubar quantas muralhas houver em nossas vidas — na família, no matrimônio, no trabalho... E eu incluo nessa lista aquelas que nos parecem mais intransponíveis, como as doenças e os vícios! Para isso, porém, precisamos urgentemente nos conscientizar de que todos pertencemos ao "time" de Deus. "Confiai-lhe todas as vossas preocupações, porque ele tem cuidado de vós" (1 Pe 5, 7).

Se a vida é o primeiro e maior dom que recebemos de Deus, a liberdade é o segundo. Bato muito nesta tecla: nunca estivemos sob o domínio de um Deus tirano, pois Ele sempre nos brindou com a faculdade de fazermos escolhas. O livre-arbítrio é próprio do ser humano, e a redenção de Jesus conta com ele. Se, em nossa vida alienada, várias coisas ainda nos escravizam, podemos manifestar ao Senhor nossa vontade de nos libertar.

Portanto, minha intenção aqui é ajudar a identificar, na sociedade atual, tanto a lista de muralhas que nos aprisionam quanto as medidas concretas que podemos tomar para derrubá-las de uma vez por todas, de modo a seguirmos sempre em frente, sabendo que o Senhor não nos abandona.

Por mais inacreditável que pareça, as respostas de que precisamos para sair dessas situações já nos foram dadas há muito tempo. É isso mesmo: toda a inspiração para que essas muralhas e correntes sejam quebradas vem do caminho do povo de Israel na busca da Terra Prometida.

COMPREENDA QUE É SEMPRE O MESMO DEUS QUE NOS CONDUZ

Cresci ouvindo um hino na Igreja cuja letra é: "O povo de Deus no deserto andava, mas à sua frente alguém caminhava. (...) Também sou teu povo, Senhor, e estou nesta estrada..."

Isso nos remete a um passado muito distante; mais precisamente, à libertação do povo escolhido, episódio crucial da economia da salvação em que Deus, por meio de Moisés, livrou os israelitas da escravidão no Egito. Todos sabemos o que aconteceu depois. Durante quarenta anos, eles caminharam pelo deserto em busca da Terra Prometida.

Tudo bem, talvez você esteja pensando: "Mas o que isso, padre, tem a ver com a minha vida?"

Muito, minha filha! Muito, meu filho! Acredite! Trata-se do exemplo de um povo que clama a Deus e é ouvido. Esse famoso episódio revela o poder da oração e da intercessão por intermédio de Moisés.

O Êxodo não é simplesmente um fato do passado: vivemos um êxodo permanente em nossas vidas, tendo de lidar o tempo todo com as dificuldades da trajetória, o que inclui inúmeros tropeços, dúvidas e tentações.

Quando observamos a caminhada dos hebreus pelo deserto, entendemos melhor a nossa. Trata-se de acontecimentos comuns em todos os tempos da história. Afinal, somos o povo de Deus e estamos peregrinando nesta terra rumo à pátria definitiva.

O percurso da vida de cada um de nós nunca é feito em linha reta. Desvios e sobressaltos podem ocorrer, e nem sempre transitamos por lugares iluminados, seguros e agradáveis. Todavia, precisamos nos manter na caminhada, que é realizada passo a passo. Durante o trajeto, paramos, desanimamos, murmuramos, refletimos, retomamos e avançamos. Portanto, guardados os detalhes, existem muitas semelhanças entre aquela caminhada de outrora e a nossa de hoje — a começar pelo fato de que é sempre o mesmo Deus que nos conduz.

Deus, obviamente, é muito habilidoso para confundir nossos inimigos. Se tivermos alguma dúvida quanto a isso, basta recordarmos esta narrativa: "O anjo de Deus, que marchava à frente do exército dos israelitas, mudou de lugar e passou para trás; a coluna de nuvens que os precedia pôs-se detrás deles, entre o acampamento dos egípcios e o de Israel. Era obscura, e alumiava a noite. E não puderam aproximar-se um do outro, durante a noite inteira" (Ex 14, 19-20).

Hoje, nós temos a Palavra de Deus a nos guiar; os hebreus, por sua vez, contavam com a nuvem que expressava a vontade do Senhor, como se lê no Livro dos Números: "Quando se levantava a nuvem sobre a tenda, os israelitas punham-se em marcha; no lugar onde a nuvem parava, aí acampavam. À ordem do Senhor levantavam o acampamento, e à sua ordem o assentavam de novo (...). E observavam o mandamento do Senhor, como este lhes tinha ordenado por Moisés" (Nm 9, 17-18, 23).

A presença do Senhor nos traz sobretudo alento. Imagine o quanto o clima do deserto não maltrata com seu sol escaldante durante o dia e sua escuridão e queda de temperatura à noite. No calor excessivo, a presença de uma nuvem serve para dar uma boa aliviada. Por outro lado, quando está muito frio e escuro, o fogo ilumina e aquece. Foi o que exaltou o salmista ao recordar as maravilhas do Senhor: "Para os abrigar Deus estendeu uma nuvem, e para lhes iluminar a noite uma coluna de fogo" (Sl 105, 39).

Entretanto, diante de tantas dificuldades, os hebreus começaram a se voltar contra Moisés e, por extensão, contra

Deus. Primeiramente, reclamaram da água, pois não conseguiam beber em razão do gosto amargo. Deus resolveu o problema indicando um tipo de planta que Moisés atiraria na água a fim de torná-la própria para o consumo. Mais adiante, em Refidim, um dos lugares visitados durante o Êxodo, questionaram: "Por que nos fizeste subir do Egito, para nos matar de sede a nós, a nossos filhos e a nossos animais?" Novamente, Moisés buscou o socorro do Senhor, que fez brotar água de um rochedo (cf. Ex 15, 22-27; 17, 1-7).

Todavia, os protestos continuaram no deserto de Sin: "Oxalá tivéssemos sido mortos pela mão do Senhor no Egito, quando nos assentávamos diante das panelas de carne e tínhamos pão em abundância! Vós nos conduzistes a este deserto, para matardes de fome toda esta multidão" (Ex 16, 3).

Misericordioso e compassivo, Deus então supriu as necessidades do povo enviando o maná e as codornizes para saciar sua fome. Segundo o texto bíblico, o maná era branco como a semente de coentro e tinha sabor de bolo de mel (cf. Ex 16, 31). Caía à noite com o orvalho e, quando exposto ao sol, derretia. Então, logo cedo o povo se espalhava para juntá-lo e o esmagava no moinho ou no pilão, cozinhando-o em seguida numa panela para fazer bolos (cf. Nm 11, 8).

Para alguns, a explicação mais provável para o incessante fornecimento do maná aos israelitas está em que, assim como o mel, ele seria produzido pelas enzimas digestivas de insetos comuns nas tamareiras, espécie de palmeira típica do deserto. Para outros, trata-se da resina de uma pequena árvore (*tamarix mannifera*) que existe em algumas regiões do Sinai e que, quando expelida, logo se coagula. Divergências à parte, o fato é que, de acordo com as Sagradas Escrituras, esse alimento esteve milagrosamente à disposição do povo hebreu todos os dias durante quarenta anos, onde quer que fixassem acampamento, até entrarem na terra de Canaã.

Infelizmente, lamentar e maldizer são características negativas daqueles que não confiam em Deus. Desse modo, muitos alegavam estar cansados de comer o "insosso" maná caído do céu e se puseram a protestar: "Quem nos dará carne para comer? Lembramo-nos dos peixes que comíamos de graça no Egito, dos pepinos, melões, verduras, cebolas e alhos" (Nm 11, 4-5).

De graça? Quanta blasfêmia! Afinal, eles eram escravos e trabalhavam feito condenados!

Inspirada por essa passagem bíblica, em que o desejo de se manter em uma relativa zona de conforto se sobressai ao desejo de liberdade, ficou célebre a expressão "chorar as cebolas do Egito".

Esse episódio ilustra muito bem a prevalência do imediatismo nas pessoas, isto é, a perda da confiança na espera. O Pai mantém sua Palavra e nos oferece a libertação, mas conquistá-la exige um sacrifício que nem sempre estamos dispostos a enfrentar. Assim, acabamos perdendo aquilo que o Senhor preparou para nós.

Apesar dos tantos sinais enviados por Deus, como a abertura do Mar Vermelho para a travessia a pés enxutos, seguida do afogamento do exército egípcio, da presença da nuvem durante o dia e do fogo à noite, além do envio do maná e das codornizes, bastou Moisés subir a montanha e demorar a descer para o povo sentir-se abandonado e cair no terrível pecado da idolatria, construindo e adorando um falso Deus, um bezerro de ouro. Enquanto isso, Deus propunha sua Aliança, entregando a Moisés as tábuas da lei contendo os Dez Mandamentos (cf. Ex 32, 1-8).

Por causa da alienação espiritual daquele povo, a travessia que, a princípio, deveria durar quarenta dias demorou quarenta anos. A Terra Prometida foi conquistada pela geração seguinte. Ao longo dessa trajetória, muitos foram nascendo e, com exceção de Josué e Caleb, todos os que estiveram no Egito já haviam morrido.

EMPENHE-SE DIA E NOITE PARA QUE AS MURALHAS SEJAM DERRUBADAS

Após a morte de Moisés, Deus escolheu Josué para conduzir o povo hebreu, que logo se viu diante do desafio que servirá de guia para a derrubada das muralhas de sua vida. Prossigamos...

Para cada itinerário que se apresenta há um propósito divino, embora muitas vezes não consigamos perceber Deus ao nosso lado e nos fechemos ao seu amor, tornando-nos prisioneiros de nossos próprios problemas. Porém, do mesmo modo como esteve com o povo hebreu, Deus está conosco o tempo todo. Basta que tenhamos olhos para enxergar.

Evidentemente, o caminho que percorremos neste mundo é sempre marcado por insatisfações, mas o Senhor nos conduz com sua destra e nos dá o alimento para seguirmos rumo à vida plena. Muitas vezes, somos tão ou mais infiéis que nossos antepassados e nos revelamos divididos entre o Deus Verdadeiro e os falsos deuses.

É isso mesmo. Por que o espanto? Nós nos tornamos idólatras quando algo ocupa o lugar do Senhor em nosso coração.

Mas, ainda assim, Ele não desiste de nós.

Da mesma forma como o maná foi enviado para saciar a fome do povo no deserto, todos os dias Deus nos oferece Jesus, o Pão da Vida, o verdadeiro pão do céu que sacia a fome e a sede de vida eterna. Em Jesus, realiza-se o dom do amor de Deus que não acaba e que está disponível à humanidade pelos séculos dos séculos. A cada Missa, esse milagre se renova, mas muitas vezes continuamos "chorando as cebolas do Egito", vivendo no saudosismo do passado, resignando-nos na mediocridade, sem nos prepararmos para prosseguir nossa trajetória e ir além.

Apesar de ser penosa, porque nos confronta com nosso próprio "eu", com nossa essência, a experiência do deserto é pedagógica e muito proveitosa. Por isso mesmo o desconforto é importante, pois representa uma ocasião de libertação, de saída da "casa da escravidão" do pecado, das amarras que impomos a nós mesmos e nos impedem de seguir rumo às promessas de Deus. Como nos diz Oseias, é Ele mesmo que nos seduz e nos conduz ao deserto para falar ao coração (cf. Os 2, 16).

Independentemente de todas as diferenças que há entre os religiosos e os não religiosos, ambos concordam com que não pode haver mudança sem que a pessoa deseje realmente libertar-se e sem que trabalhe para que todas as correntes sejam quebradas. Neste nosso livro-guia espiritual, você perceberá que *trabalhar* significa, antes de tudo, *pedir,* suplicar diante de Deus, e *agir* para derrubar as muralhas da sua vida.

Oração

Para afastar os inimigos

Amado Jesus, creio nas tuas palavras:
"Amai vossos inimigos e rezai por aqueles que vos perseguem."
Bem sei, Senhor, que esta é uma exigência do teu discipulado.
Não desejo mal a quem me persegue, e peço que tua bênção os favoreça.

Não desejo vingança, mas que teu amor os envolva.

Dai-me a graça de perdoá-los, pois esta é a minha decisão.

No entanto, com humildade e confiança suplico:

livra-me da pata do cão e da boca do leão.

Livra-me das notícias falsas e das calúnias difamatórias.

Faz, Senhor, que toda maldade a mim dirigida seja neutralizada,

que toda carga maligna seja destruída,

que todo inimigo seja afastado.

Se tiverem pés, que não me alcancem;

se tiverem mãos, que não me agarrem;

se tiverem olhos, que não me vejam;

e que sejam acorrentados de pés e mãos em tua Cruz.

Amém.

CAPÍTULO 2
DEUS QUEBROU AS MURALHAS NA VIDA DE MOISÉS

Como sacerdote, sou testemunha viva de muitas graças obtidas e de muitas muralhas derrubadas: portas que estavam fechadas se abriram, crises conjugais e econômicas foram resolvidas, doenças e muitos outros problemas gravíssimos acabaram solucionados... Cada caso é um caso, como se diz popularmente, mas em todas essas histórias há um ponto comum e imutável: o poder absoluto de Deus, que derrama o Espírito Santo sobre o seu povo, com o Evangelho crescendo, sendo anunciado, acolhido, transformando vidas. "Ele nos salvou mediante o batismo da regeneração e renovação, pelo Espírito Santo" (Tt 3, 5).

Não é de hoje que o poder de Deus derrama o Espírito Santo sobre seu povo, e é conhecendo em profundidade essa história que nos aproximamos d'Ele. Por isso, continuemos recorrendo ao Livro do Êxodo, precisamente ao exemplo de Moisés. Ele é uma das figuras mais importantes da história antiga dos judeus, e sua influência perdurava mesmo no tempo de Jesus.

A vida do profeta Moisés é, para todos nós, um grande exemplo de que em todo o tempo, ou seja, nas mais diversas fases da nossa vida, mesmo naquelas mais obscuras, Deus não desiste de nós. E enfatizo: Ele não despreza nada do que fomos ou somos. Como disse o salmista, Deus resgata as pessoas até mesmo do lixo (Sl 113, 7).

Nosso Pai não tolera o pecado, mas, quando resgata o pecador, aceita-o por inteiro. Por essa razão, experiências ruins e menos virtuosas, à luz de Deus, tornam-se instrumentos da graça. Moisés passou por três fases aparentemente distintas e contraditórias em sua vida: as primeiras quatro décadas; a fase dos quarenta aos oitenta anos; e, por fim, o período que terminou com sua morte. Trata-se de três momentos bem delimitados e marcados por escolhas difíceis, que mudaram toda a sua trajetória.

Examine com atenção a história a seguir.

Moisés nasceu quando o rei do Egito, temendo a multiplicação dos israelitas, ordenou que fossem mortos todos os recém-nascidos. Como bem narra o Antigo Testamento, para evitar que isso acontecesse, sua mãe o escondeu por três meses, o colocou em uma cesta de vime e o soltou no rio Nilo. Nessa travessia, a filha do faraó o acolheu e o criou (cf. Ex 2, 1-9).

Assim, durante quarenta anos, Moisés viveu com as regalias de um príncipe na corte egípcia, a terra mais rica do seu tempo. Certamente, recebeu toda a instrução proveniente da sabedoria dos egípcios. Contudo, embora tivesse tudo o que necessitava em termos materiais e intelectuais, tornou-se um homem sem identidade, que mal sabia definir se era hebreu ou egípcio.

Premido por esse dilema, acabou por matar um cidadão egípcio que submetera um irmão hebreu a maus-tratos terríveis. Então, fugindo para o deserto de Madiã, perdeu-se mais ainda. Acabou se casando com uma das filhas de Jetro, Zípora, e passou a trabalhar com seu sogro.

Acredite ou não, Moisés passou outros quarenta anos nessa situação: no deserto, desnorteado, pastoreando ovelhas. Na verdade, teve de aprender novamente que não bastava contar apenas com seu próprio braço para abrir caminhos, havendo necessidade de uma ajuda superior.

Analisemos com atenção o intrigante caso de Moisés: no Egito, ele vivia no palácio do faraó, com todos os privilégios de um nobre; como ser humano, porém, não era nada. Perceba que a mão de Deus já o estava preparando para ir além. Ao fugir para o deserto na condição de assassino, e ao depender da ajuda do sogro, ele teve de aprender a conquistar novamente sua independência. Nesse período, Moisés desenvolveu virtudes importantes — humildade, paciência, mansidão, autodomínio — e aprendeu a esperar, até o momento em que Deus se manifestou para ele. Isso só ocorreu quando Moisés já estava perto dos oitenta anos!

Que baita sacudida em nossa zona de conforto, não é mesmo?

A maioria das pessoas se acha velha para toda e qualquer missão aos cinquenta anos, imagine só aos oitenta...

No entanto, o tempo de Deus é outro. Ao contrário da cronologia mundana, Ele nos liberta, e sempre podemos fazer mais. Diante de uma sarça ardente, um arbusto em chamas que não era consumido pelo fogo, Moisés recebeu a convocação divina que transformou sua vida e libertou seu povo da escravidão no Egito (cf. Ex 3, 3-14).

DEIXE A CURIOSIDADE TE GUIAR ATÉ DEUS

A sarça ardente que não se consumia foi o meio pelo qual Deus lançou sua rede. Moisés foi curioso, e, assim como ele, todos nós precisamos ser um pouco mais curiosos sobre as coisas do alto. Na sarça está representada a própria Cruz de Nosso Senhor, e o Espírito Santo é o fogo que nunca se apaga e que deseja nos atrair.

Quando o Senhor chama e Moisés responde "Aqui estou", diz que aquele local é solo santo e ordena que seu interlocutor tire as sandálias dos pés. Em outras palavras, isso significava tirar a poeira do mundo no qual ele havia andado como errante, como alguém perdido, sem fé. Aquilo que não se alinhava com uma vida de santidade deveria ficar para trás.

Em um primeiro momento, Moisés cobriu o rosto, pois teve medo de olhar diretamente para Deus. Imagine o susto!

Levado pela curiosidade, então, ele se aproximou para bisbilhotar a sarça. Ali, recebeu o chamado para libertar os hebreus da escravidão. A rigor, qualquer um de nós reagiria da mesma forma como ele reagiu, indagando: "Logo eu, Senhor?"

Moisés argumentou: "Quem sou eu para ir ter com o faraó e tirar do Egito os israelitas?" (Ex 3, 11). Mas Deus confirmou o chamado e disse: "Eu estarei contigo!" As desculpas da parte de Moisés continuaram: "E se não acreditarem em mim?", "Não sei o que dizer", "Não poderia ser eu, pois tenho dificuldades na fala"... Segundo a tradição, de fato Moisés era gago. Não obstante, Deus rebateu todas as objeções de Moisés, oferecendo alternativas que o fizeram aceitar a missão (cf. Ex 3, 11; 4, 1-17).

Moisés compreendeu a majestade e a magnificência de Deus. Ao declarar: "Eu Sou o Deus de seus antepassados, o Deus de Abraão, o Deus de Isaac, o Deus de Jacó", "Eu sou aquele que sou", Ele se identifica como Aquele que é e sempre será (Ex 3, 6.14). Trata-se do Deus da Aliança, que faz questão de se pôr em comunhão conosco e sempre está a nos procurar.

Em momentos de perda e frustração, é comum pensarmos: "Estou sozinho neste mundo", mas isso não é verdade. Deus não fica só olhando as pessoas se lascarem mundo afora, e muito menos se alegra com isso. Quem inocula o veneno do abandono e da solidão em nosso coração é o diabo. Ele não quer que percebamos que até no pecado Deus nos atende.

Voltando a Moisés, nenhum outro profeta conquistou tamanha intimidade com Deus, a qual se aprofundou de forma gradativa em seis etapas, segundo a leitura que me permito fazer do capítulo 3 do Livro do Êxodo:

Tudo começou com uma postura curiosa por parte de Moisés (1). Na sequência, veio a iniciativa de Deus de chamá-lo (2). Sim, foi Deus quem tomou a dianteira e se dirigiu a Moisés, e não o contrário. É precisamente isso o que Ele faz todos os dias chamando os nossos nomes: Reginaldo, Maria, Joaquim... É pelo nome que Deus nos chama, mas quantos de nós respondem "Estou aqui, Senhor"? Essa aproximação, por sua vez, exigiu o reconhecimento de estar diante do Senhor e a ação de tirar as sandálias (3), processo de purificação que simboliza a necessidade de abrir mão de algo para assumir uma missão maior. Nesse momento, a intimidade foi tamanha que Deus sentiu a dor do povo de Moisés e providenciou a libertação (4). Moisés, então, se encheu de coragem, aceitou a missão e foi cumpri-la (5). A libertação de Israel (6), liderada por Moisés, representa o grau máximo dessa relação íntima do profeta com Deus, o que também anunciava a redenção cristã, trazida posteriormente por Jesus Cristo. Foi Ele quem, com sua morte e sua ressurreição, resgatou o homem da escravidão do pecado, abrindo caminho para a verdadeira Terra Prometida, o Céu.

Ressalte-se que o único homem que viu Deus frente a frente foi Moisés, mas ele sentiu medo e cobriu o rosto. Já a visão de Deus em sua plenitude é prerrogativa exclusiva de Jesus, o Enviado do Pai, que vem a nós para doar-se. Jesus afirmou: "Não que alguém tenha visto o Pai, pois só aquele que vem de Deus, esse é que viu o Pai" (Jo 6, 46).

Agora pare e reflita.

Em que fase da vida você está? Nos primeiros quarenta anos, quando as facilidades são maiores, ou na etapa seguinte, em que muitas vezes é preciso se reerguer e começar a escrever uma nova história? Não por acaso, os momentos de maior desafio também podem ser aqueles em que empreendemos a grande virada e ouvimos o chamado para escutar Deus e nos deixarmos guiar por Ele.

Todos nós temos um pouco da saga de Moisés em nossa maneira de ser, e me sinto absolutamente certo disso quando penso sobre a terceira e última fase da vida do profeta. Embora tenha morrido com cento e vinte anos, em um vale chamado Moabe, ele só conheceu a Terra Prometida de longe, justamente em razão da notória desobediência a Deus.

Existem algumas especulações sobre essa atitude que teria custado tanto a Moisés. Para estudiosos do Pentateuco, uma das hipóteses é a de que Moisés não seguiu à risca a orientação do Senhor para fazer o rochedo jorrar água, pois, em vez de valer-se de um comando de voz, levantou a mão e bateu nas pedras duas vezes com uma vara (cf. Nm 20, 8-11). Esse gesto pode ser compreendido como sinal de incredulidade. Em outro momento, Moisés agiu movido pela ira contra seu povo ao arremessar as tábuas da lei ao chão e quebrá-las. Essa atitude não fora autorizada por Deus. Além disso, Moisés teria ousado dar uma espécie de "xeque-mate" no Senhor com esta frase: "Rogo-vos que lhes perdoeis agora esse pecado! Se não, apagai-me do livro que escrevestes" (Ex 32, 32). Por maior que fosse o grau de intimidade da sua relação com Deus, tal passagem evidenciaria certa arrogância por parte de Moisés.

Há, ainda, uma outra interpretação, a qual não remete a algo que o profeta tenha feito, e sim àquilo que ele disse: "Faremos nós jorrar água, para vós, deste rochedo?"

Ao usar a palavra "faremos", puxou para ele e Aarão o prodígio de fazer brotar água da rocha, induzindo-os a crer que não seria Deus, mas eles mesmos a realizar tal feito. Um episódio similar é citado no Salmo 106: "Em seguida, irritaram a Deus nas águas de Meriba, e adveio o mal a Moisés por causa deles. Porque o provocaram tanto, palavras temerárias saíram-lhe dos lábios" (Sl 106, 32-33).

O fato é que a quem muito é dado, também muito será cobrado, e Moisés, como já vimos, conversava com Deus como um amigo (cf. Ex 33, 11). Obviamente, essa deferência exigia uma enorme responsabilidade. E não cogitemos em nenhum momento a possibilidade de ter havido algum tipo de intransigência por parte do Senhor, como quando nos deparamos com um chefe muito exigente. Não. Deus é o primeiro a nos conceder todas as chances, porque sua misericórdia é infinita. Por outro lado, Moisés falhara em um ponto crucial, conforme nos mostra às claras o Livro do Deuteronômio: "Porque pecastes contra mim no meio dos israelitas, nas águas de Meriba, em Cades, no deserto de Sin, e não me santificastes no meio dos filhos de Israel, verás, pois, defronte de ti a terra que darei aos israelitas, mas não entrarás nela" (Dt 32, 51-52).

Em prece, Moisés lamentou profundamente o castigo de não poder entrar na Terra Prometida (cf. Dt 3, 24-27). Todavia, como já adiantei, Deus, em sua magnitude, concedeu ao profeta o privilégio de contemplar a Terra Prometida antes de morrer — dessa forma, pôde ter a visão do limiar da promessa — e o acolheu na terra definitiva, a Pátria Celeste, lugar onde Deus é e sempre será tudo em todos.

EXERCITE-SE PARA UMA VIDA DE ORAÇÃO E NÃO ESMOREÇA

A partir do encontro com a sarça ardente, a vida de Moisés tornou-se uma resposta de fé à revelação de Deus. Em nome do Senhor e movido pela sua força, ele realizou fatos extraordinários, conforme lemos na Carta aos Hebreus: "Foi pela fé que Moisés deixou o Egito, não temendo a cólera do rei, com tanta segurança como se estivesse vendo o invisível. Foi pela fé que mandou celebrar a Páscoa e aspergir (os portais) com sangue, para que o anjo exterminador dos primogênitos poupasse os filhos de Israel. Foi pela fé que os fez atravessar o mar Vermelho, como por terreno seco, ao passo que os egípcios que se atreveram a persegui-los foram afogados" (Hb 11, 27-29).

Moisés não foi somente um líder, mas sobretudo um pastor que guiou e protegeu o povo durante a caminhada. Homem de profunda oração, em várias ocasiões clamou a Deus em favor dos hebreus e foi ouvido.

Quando estavam em Refidim e os amalequitas atacaram, Moisés mandou Josué escolher alguns homens para combatê-los, enquanto ele, Aarão e Hur subiram até o topo de uma colina. Lá, enquanto Moisés conservava as mãos levantadas, seus aliados venciam; se as abaixasse, sobressaíam os inimigos. Quando cansou e não conseguia mais manter as mãos erguidas, os dois homens que estavam com ele o colocaram em uma pedra para que sentasse e, dispostos um de cada lado, sustentaram as mãos de Moisés até o exército de Amalec ser derrotado (cf. Ex 17, 8-13).

Este é um exemplo clássico de intercessão. Deus queria dar a Terra Prometida àquele povo; portanto, isso já era Sua vontade, e Moisés empenhou-se em interceder para consumar essa vitória. Da mesma forma, quando alguém nos pede para rezarmos em seu favor, devemos fazê-lo com diligência e afinco, porque aquela pessoa não está conseguindo vencer sozinha a batalha contra o alcoolismo, a depressão ou qualquer outra provação. Aceitemos, pois, esse pedido de ajuda com responsabilidade e entremos nessa batalha de oração. Ao abraçarmos essa causa, seja ela nossa ou em favor de alguém, estamos combatendo a ação do inimigo, que não quer que o plano de amor de Deus e sua graça se concretizem neste mundo.

Muitos me perguntam o que fazer quando nos juntamos a alguém em oração, ou seja, "apadrinhamos" uma batalha, mas, a certa altura, o cansaço bate. E aí?

Pensemos na imagem de Moisés com as mãos levantadas. Ele contou com a ajuda dos dois companheiros que o puseram sentado na pedra e escoraram seus braços. Portanto, eu sempre recomendo que continuemos rezando, porque, no dia em que nos cansarmos de estar com os joelhos dobrados e as mãos postas, o Senhor mandará seu auxílio. Lembremos, igualmente, de Jesus no Horto das Oliveiras, quando chegou a suar sangue num momento de oração dos mais difíceis. Ali, Deus enviou um anjo para consolá-lo. Jesus não passou por nada que não servisse como exemplo para nós.

Em nossas batalhas de oração, portanto, seja por nós ou por outra pessoa, ainda que estejamos passando por dificuldades na vida, nós sentiremos a consolação — não porque somos merecedores, mas porque Deus é bondade e misericórdia. Deus sempre compensa com o consolo dos anjos aqueles que não fazem corpo mole e rezam arduamente. Pode tratar-se de um alívio momentâneo? É claro, mas os consolos divinos são sob medida. No caso de Jesus, isso não evitou a Sua passagem pela Cruz, mas, naquele momento de agonia, o anjo o confortou.

Temos necessidade de rezar sempre; não há outro caminho. Costumo comparar a vida interior com a iniciativa de aprender uma língua estrangeira. Isso exige, como sabemos, muito esforço, pois precisamos praticar e adestrar nosso cérebro para desenvolver bem as competências necessárias. Sair da zona de conforto de escrever e falar apenas no idioma que já dominamos pode ser bastante trabalhoso, mas, sem esse esforço interno e permanente, nunca aprenderemos por completo. Em muitos casos, perdemos a motivação depois de algum tempo e deixamos de tentar. Na vida de oração também é assim: quanto mais rezamos, mais esse conteúdo redentor vai se amalgamando ao nosso repertório de condutas, até que criamos um hábito virtuoso e não realizamos nenhuma ação importante sem começar pela oração.

Apesar de todos os reveses, Moisés tinha consciência da sua condição de mediador. Imbuído de firme confiança, rezava pelo povo e por si em função da missão recebida. Ele fez da oração um caminho para o coração de Deus.

Não há dúvida de que, na vida de Moisés, Deus derrubou todas as muralhas pedra por pedra, incluindo suas falsas seguranças, e o fez avançar passo a passo, o que culminou na libertação de seu povo e também de si próprio. E tudo isso apesar de suas falhas, de suas escolhas equivocadas, dos momentos em que deixou de corresponder à vocação que Deus lhe propusera. Segundo as Sagradas Escrituras, "não se levantou mais em Israel profeta comparável a Moisés, com quem o Senhor conversava face a face. Ninguém o igualou quanto a todos os sinais e prodígios que o Senhor o mandou fazer na terra do Egito, diante do faraó, de seus servos e de sua terra, nem quanto a todos os feitos e às terríveis ações que ele operou sob os olhos de todo o Israel" (Dt 34, 10-12).

O que Deus fez com Moisés Ele quer e pode realizar na minha vida, na sua e na de cada ser humano — basta aceitarmos. Se assim o permitirmos, repito, todas as muralhas serão derrubadas por Deus.

Oração

São Gabriel com Maria,
São Rafael com Tobias,
São Miguel com todas as hierarquias,
abri para nós esta via.
Amém.

AGORA ESCREVA, EM UM DOS BLOCOS DA MURALHA, MAIS UM OBSTÁCULO QUE VOCÊ DESEJA DERRUBAR EM SUA VIDA.

CAPÍTULO 3

QUEBRANDO OS ALICERCES DAS MURALHAS

A esta altura, você já compreendeu que, para as muralhas de sua vida caírem de fato, é preciso lutar. Certamente, batalhas não são agradáveis: sempre há um grande saldo de perdas e dificuldades. No entanto, elas ocorrem independentemente de nossa vontade, e todos temos que enfrentá-las.

A grande questão é: como nos comportamos diante das batalhas da nossa vida?

Retomemos a nossa história...

Se Moisés foi o símbolo da intimidade com Deus e da intercessão, Josué foi o homem das batalhas e das realizações. Com a morte do primeiro, Deus escolheu o segundo como seu sucessor. Assim, coube a Josué guiar o povo israelita Terra Prometida adentro. Isso resultou na conquista de Jericó, antiga cidade da

Judeia protegida por muros gigantescos e impenetráveis, locali-
zada na margem oeste do rio Jordão. Como todos sabemos, o
poder de Deus é ilimitado, e Ele garantiu sua ajuda no cumprimento da missão do novo líder ao promover o desmoronamento
das muralhas. Antes, porém, mostrou que a condição que levaria
à vitória seria a observância das leis dadas a Moisés (Js 1, 6-11).

Josué agiu de maneira estratégica e, do acampamento em
que se encontrava, no vale das Acácias, enviou secretamente
dois espiões para examinarem Jericó e trazerem notícias, especialmente sobre suas fragilidades. Ambos foram descobertos,
mas contaram com a ajuda providencial de uma prostituta
que vivia na cidade. Raabe os escondeu a fim de despistar os
mensageiros do monarca. Ela ouvira dizer que o Senhor, Deus
do Céu e da Terra, havia secado o Mar Vermelho para que os
hebreus conseguissem fugir do exército egípcio e conquistar
aquele território, e acreditava que o poder divino era o responsável por tal prodígio.

Ciente do que estava por vir, Raabe pediu para preserva-
rem sua vida e a de sua família quando a cidade fosse tomada, e
por isso foi orientada a amarrar um cordão vermelho na janela e
a não sair de casa durante a invasão. Os espiões então escaparam
e contaram a Josué o que havia ocorrido, observando que os habitantes de Jericó estavam com medo deles (cf. Js 2, 1-24).

CAMINHE COM DEUS
À SUA FRENTE

Com a Arca da Aliança à sua dianteira, os hebreus chegaram às
margens do rio Jordão. Sob as ordens do Senhor, os sacerdotes
que carregavam a Arca puseram os pés no rio e as águas pararam

de correr. Novamente, o povo pôde fazer a travessia em terreno seco. Em seguida, conforme o Senhor ordenara, pegaram doze pedras e as levaram até o acampamento, como memorial de mais esse prodígio. Tão logo os sacerdotes com a Arca da Aliança saíram do rio Jordão, as águas voltaram a correr.

A Arca continha os três objetos que representavam a aliança do Senhor com o povo hebreu: a vara de Aarão, as tábuas da lei e um vaso com maná. Não se tratava simplesmente de uma representação simbólica, mas da própria presença de Deus (cf. Js 4, 1-22).

Em nossa vida, quando nos sentimos impotentes diante de um obstáculo, seja ele qual for, temos de parar, avaliar o terreno, traçar estratégias e, principalmente, buscar a presença de Deus. Perceba que essa busca por si só implica uma promessa de vitória, porque o Senhor *sempre* nos ouve. "O Senhor é bom, é um refúgio na tribulação; conhece os que nele confiam" (Na 1, 7).

Um fato interessante que chama a atenção na história da entrada do povo hebreu na terra de Canaã foi a ordem dada pelo Senhor a Josué: ele deveria preparar facas de pedra e fazer uma cerimônia de circuncisão nos filhos de Israel. Para quem não sabe, trata-se do corte de parte da pele do prepúcio do membro sexual masculino a que todos os meninos judeus deveriam ser submetidos no oitavo dia de vida (cf. Gn 17, 10-11). Na religião judaica, esse rito é praticado até hoje, da mesma maneira ordenada por Deus, em cerimônia realizada na casa onde reside a criança. Por outro lado, chega a causar arrepios imaginar esse tipo de procedimento feito por uma faca de pedra! Embora tenha sido executada por Josué, certamente consistia numa obra de Deus, que disse: "Hoje tirei de cima de vós o opróbrio do Egito" (Js 5, 9).

No Novo Testamento, São Paulo compara a circuncisão ao Batismo, que nos une a Cristo: "Nele também fostes circuncidados com circuncisão não feita por mão de homem, mas com a circuncisão de Cristo, que consiste no despojamento de nosso ser carnal. Sepultados com ele no batismo, com ele também ressuscitastes por vossa fé no poder de Deus, que o ressuscitou dos mortos" (Col 2, 11-12).

Voltando aos fatos narrados, lembremos que, após deixarem o Egito, muitos homens já haviam morrido. Aqueles que nasceram pelo caminho, por sua vez, precisavam ser submetidos à lei da circuncisão entregue a Abraão, a qual estava associada a duas promessas: uma delas consistia em fazer de seus descendentes uma grande nação; a outra era justamente garantir-lhes uma terra como herança. A lei da circuncisão fazia parte da aliança entre Deus e Abraão, e todos tinham de segui-la: caso contrário, não fariam parte do povo escolhido e, portanto, não seriam contemplados com as promessas de Deus. Tampouco poderiam participar das festas especiais em reverência ao Senhor, como a Páscoa (cf. Ex 12, 48).

Uma vez realizado o ritual de circuncisão e celebrada a Páscoa, uma nova aliança com Deus foi firmada. Deste modo surgia novo povo, um povo que não mais errava no deserto, mas fixava-se no local destinado por Deus: a terra de Canaã. Na Terra Prometida, os hebreus passaram a se alimentar não mais com o maná, que parou de cair do céu, mas com cereais torrados e pão sem fermento (cf. Js 5, 10-11).

E você, está disponível para realizar essa aliança com Deus na sua vida? Tem coragem para fazer uma circuncisão do pecado, do "homem velho" repleto de vícios?

FAÇA UM PACTO DE FÉ COM O SENHOR

Aqui, dei apenas uma "pincelada" nos acontecimentos, mas vale a pena chamar a atenção para o registro fiel de diversos pormenores. Por exemplo, quanto à Páscoa celebrada "no décimo quarto dia do mês, pela tarde" (Js 5, 10). Isso demonstra não se tratar de mera especulação, mas, sim, de fatos precisos.

Da mesma forma, as pedras resgatadas como memória da travessia do Jordão e expostas em Gilgal, primeiro local onde os hebreus acamparam após cruzarem o rio Jordão, não são mito ou simples lenda. Trata-se de sinais concretos para lembrar as futuras gerações de que Deus cumpre suas promessas, marcha à frente do seu povo nas batalhas e é poderoso, podendo fazer o que quiser.

Infelizmente, a humanidade sempre teve dificuldade para preservar sua memória; tende logo a apagar os fatos, mesmo os mais relevantes. Com o passar do tempo, o memorial de Gilgal foi perdendo o significado espiritual; bastou Josué morrer para a geração seguinte passar a adorar ali os falsos deuses.

Muitos questionam: por que Deus não se manifesta mais diretamente, realizando portentos surpreendentes, como abrir o mar? Ele não pode fazê-lo?

Sem dúvida, Ele pode, *sim*! No entanto, temos de compreender que Deus agiu daquela forma no passado para preparar o maior de todos os milagres: a vinda de seu filho Jesus. Quer dádiva maior do que o Verbo de Deus assumindo nossa humanidade e habitando entre nós? Em Jesus se cumpriram todas as promessas e se estabeleceu a aliança permanente entre Deus e a humanidade.

Deus nos fez sair da escravidão do pecado para nos apropriarmos de nossa herança em Cristo.

Ao longo do tempo, e ainda hoje, contamos com um memorial inspirador que nos recorda desse feito: a Santa Missa. Não nos é ofertado o maná, mas o próprio Cristo se dá em alimento para sustentar nossa caminhada.

Estou me repetindo para que não esqueçamos que o nosso socorro vem do Senhor. Se nos esquecermos de Deus, estaremos perdidos. Por isso, devemos pedir:

Senhor, ajude-me a fazer esse pacto contigo.
Eu não quero comer outro alimento
que não seja o que provém da tua mesa, o que ofereces no altar,
o Pão Eucarístico, que é o alimento para minha alma.
Senhor, renova-me, ilumina-me.
Que eu não precise morrer fisicamente para entender que é
preciso matar o homem velho e errante que há em mim.
Eu preciso ser transformado, Senhor.
Amém.

BUSQUE SEU SOCORRO NO SENHOR

Segundo a Bíblia, Jericó era uma cidade fortificada com imensas muralhas ao seu redor. Tudo era controlado, e ninguém entrava ou saía sem que fosse inspecionado rigorosamente. Josué e os hebreus estavam fora de Jericó, e portanto a cidade constituía um obstáculo aparentemente intransponível para a conquista da Terra Prometida. Por outro lado, o maior de todos os líderes que um batalhão podia ter estava ao seu lado.

De fato, Deus manifestou sua presença como chefe do exército dos hebreus, o que deixa claro que não foi pela força humana que a cidade acabou por ser conquistada. Em outras palavras, Deus agiu ao orientar Josué e revelar-lhe o plano da vitória de um modo concreto e detalhado.

De acordo com as ordens do Senhor, todos os combatentes deveriam dar uma volta ao redor da cidade, durante seis dias, com sete sacerdotes levando cada um o *shofar*, uma trombeta (instrumento de sopro) feita com chifre de carneiro, à frente da Arca da Aliança. No sétimo dia, seria preciso marchar sete vezes ao redor da cidade, enquanto os sacerdotes tocavam as trombetas. E, quando estas soassem um longo toque, todo o povo daria um forte grito e as muralhas da cidade cairiam (cf. Js 5, 13-16; 6, 1-16).

Josué e seu exército cumpriram fielmente as ordens do Senhor, e Jericó foi conquistada. Seus habitantes foram derrotados. Somente a prostituta Raabe e sua família foram poupadas, conforme lhe fora prometido quando ela abrigou os espiões de Josué.

Moral da história: quem confia e espera no Senhor não é decepcionado. Assim como Raabe, encontra a salvação. Dizem as Escrituras que seus descendentes vivem no meio do povo de Israel até hoje (cf. Js 6, 25).

Após a queda de Jericó, ninguém podia ficar com nada. Tudo o que havia na cidade foi queimado, exceto a prata, o ouro e os objetos de bronze e ferro, os quais passaram a integrar os tesouros da casa do Senhor (cf. Js 6, 22-24).

Insisto: este não é um relato de guerra, mas uma história de fé, que, como orientador espiritual, tenho o dever de reproduzir aqui para estimular essa centelha divina em todos os filhos e filhas que esta obra possa alcançar. Na vida, tudo é uma questão de ter mais ou menos fé, e o Cerco de Jericó demonstra exatamente isso. A presença da Arca da Aliança e a força da oração foram determinantes para derrubar a maior de todas as muralhas: a falta de fé que fazia com que os muros fossem considerados intransponíveis até então. Quando Deus Se fez presente, essa falsa certeza foi a primeira a ruir. A queda do Forte de Jericó foi apenas consequência de algo muito mais importante, que é o despertar da fé do povo de Israel.

Muitos arqueólogos insistem em afirmar que datas e fatos se contradizem no tocante à Batalha de Jericó, mas esse descompasso tem uma importância muito pequena diante da verdade maior que nos é por ela revelada: foi a intervenção prodigiosa do Senhor em resposta aos apelos do seu povo que o levou à vitória. Portanto, a oração tem o poder de derrubar qualquer obstáculo.

Assim como os homens liderados por Josué, precisamos buscar sempre o discernimento do Espírito Santo, traçar estratégias, ter uma atitude condizente com cada situação e agir em comunhão com Deus. A nova Arca da Aliança é o próprio Jesus Cristo; se marcharmos com Ele, fazendo da oração nossa arma, também poderemos proclamar a nossa vitória.

Oração

Ao Santo Anjo da Guarda

Anjo santo, meu conselheiro, inspira-me.
Anjo santo, meu defensor, protege-me.
Anjo santo, meu fiel amigo, pede por mim.
Anjo santo, meu consolador, fortifica-me.
Anjo santo, meu irmão, defende-me.
Anjo santo, meu mestre, ensina-me.
Anjo santo, testemunha de todas as minhas ações, purifica-me.
Anjo santo, meu auxiliar, ampara-me.

Anjo santo, meu intercessor, fala por mim.
Anjo santo, meu guia, dirige-me.
Anjo santo, minha luz, ilumina-me.
Anjo santo, a quem Deus encarregou de conduzir-me, gover-
na-me.

Santo Anjo do Senhor,
meu zeloso guardador,
já que a ti me confiou a piedade divina,
sempre me rege, guarda, governa e ilumina.
Amém.

AGORA ESCREVA, EM UM DOS BLOCOS DA MURALHA, MAIS UM
OBSTÁCULO QUE VOCÊ DESEJA DERRUBAR EM SUA VIDA.

CAPÍTULO 4
REALIZANDO UM JERICÓ NA SUA VIDA

Ainda hoje a Batalha de Jericó continua sendo uma lição espiritual inspiradora para o povo de Deus. Todos nós temos as "Jericós" a serem conquistadas. Trata-se de situações e lugares fortificados que as capacidades humanas, por si sós, não conseguem acessar.

Se desejamos derrubar as muralhas das dificuldades que nos cercam e conquistar a vitória, é preciso que sigamos o exemplo de Josué e nos tornemos cristãos obedientes à Palavra de Deus, seguindo seus mandamentos. Temos de nos mostrar ousados e destemidos, fortalecidos na fé e na confiança de que temos um Deus que marcha à nossa frente e realiza obras grandes a nosso favor, como diz o Livro do Deuteronômio: "Coragem! E sede fortes. Nada vos atemorize, e não os temais, porque é o Senhor, vosso Deus, que marcha à vossa frente: ele não vos deixará nem vos abandonará" (Dt 31, 6).

Embora a devoção do Cerco de Jericó não seja uma celebração litúrgica, ela se encontra completamente respaldada na tradição cristã. Teve sua origem em 1978, quando São João Paulo II, assim que assumiu o papado, pretendia viajar para a Polônia por ocasião do aniversário de novecentos anos do martírio de seu padroeiro, Santo Estanislau, que ocorreria no ano seguinte.

Até então, jamais um papa havia entrado em um país do antigo bloco comunista. De início, portanto, a visita de São João Paulo II à sua terra natal não foi permitida. Todavia, um grupo de católicos inconformado com a restrição inspirou-se na passagem bíblica do Livro de Josué e organizou seu próprio Cerco de Jericó, rezando o terço durante sete dias e sete noites. Como fruto desse gesto de tamanha perseverança, a autorização acabou sendo concedida e o Santo Padre pôde realizar a visita que almejava.

PREPARE-SE ESPIRITUALMENTE PARA ESSA BATALHA

Todos estamos sedentos de Deus e carentes de esperança, mas faço questão de ressalvar: como diretor espiritual, meu papel não é oferecer fórmulas fáceis para situações difíceis. O Senhor é, sim, poderoso e pode fazer o impossível, mas precisamos nos preparar para esse momento de forte intercessão, em que todas as amarras que nos aprisionam são colocadas na sua presença e fazem-se os pedidos pela derrubada das muralhas em nossa vida.

O Cerco de Jericó é uma poderosa modalidade de oração, que pode ser realizado em uma Igreja ou em outro local que favoreça a oração, em grupo ou individualmente. Quando da realização nas comunidades paroquiais, o Bispo da Diocese local poderá dar as orientações.

O Rito existente consiste em sete dias de incessante clamor pessoal e comunitário, feitos em turnos de fiéis, com Missas diárias, adoração do Santíssimo Sacramento e um momento especial em que se reza o Terço Mariano. Pode ainda ser feito durante sete dias num mesmo horário.

Ressalto, porém, que a Missa é Missa e deve ser celebrada de acordo com o Missal em sua Edição Típica. O Cerco de Jericó deve ser algo separado da Missa.

As atividades do Cerco de Jericó são acompanhadas da participação nos Sacramentos da Confissão e da Eucaristia e, para melhor eficácia, do exercício espiritual do jejum. Vale lembrar que fazer jejum não é necessariamente ficar sem comer nada, mas fazer refeições em quantidades moderadas. O jejum mais básico da Igreja consiste numa refeição completa e duas refeições menores que não perfazem, juntas, uma refeição completa.

É também usada a representação da Arca da Aliança. Embora muitos a critiquem, acredito que não devemos nos esquecer de que ela esteve presente no Cerco original, marchando à frente do povo de Deus, e se fez ainda mais poderosa quando passou a estar revestida do próprio Deus. Nas celebrações, a maioria das arcas serve de altar ou trono para a nova Arca da Aliança, isto é, para o Jesus Eucarístico colocado no ostensório, o que para mim faz todo o sentido.

A queima dos pedidos deixados por escrito em papel, durante os sete dias que se seguem em trabalho de oração, simboliza a subida dessas mensagens até Deus, mas é claro que se deve priorizar as normas de segurança. Por isso, sempre ressalto que o rito do Cerco de Jericó só pode ser feito com a recitação do Rosário de Nossa Senhora ou com o conteúdo devocional que apresentarei na sequência.

Seja qual for o caminho escolhido, o importante é começar fazendo uma preparação espiritual adequada, anotando seus pedidos e programando-se para participar durante os sete dias de jornada.

PASSO A PASSO DA ORAÇÃO DO CERCO DE JERICÓ

Estabeleça uma relação com suas intenções particulares e as intenções do grupo.

COMEÇANDO A ORAÇÃO DO CERCO DE JERICÓ, TRACE O SINAL DA CRUZ, INVOCANDO A SANTÍSSIMA TRINDADE

Pelo sinal da Santa Cruz, livrai-nos, Deus nosso Senhor, dos nossos inimigos. Em nome do Pai, do Filho e do Espírito Santo. Amém.

RECITE O TERÇO MARIANO COM OS MISTÉRIOS DO DIA: GOZOSOS (SE-GUNDA-FEIRA E SÁBADO); DOLOROSOS (TERÇA-FEIRA E SEXTA-FEIRA); LUMINOSOS (QUINTA-FEIRA); E GLORIOSOS (QUARTA-FEIRA E DOMINGO)

REZE A PROFISSÃO DE FÉ CRISTÃ (CREDO)

Creio em Deus Pai todo-poderoso,
criador do céu e da terra;
e em Jesus Cristo, seu único Filho, Nosso Senhor;
que foi concebido pelo poder do Espírito Santo;
nasceu na Virgem Maria,
padeceu sob Pôncio Pilatos,
foi crucificado, morto e sepultado;
desceu à mansão dos mortos;

ressuscitou ao terceiro dia;
subiu aos céus,
está sentado à direita de Deus Pai todo-poderoso,
donde há de vir a julgar os vivos e os mortos;
creio no Espírito Santo,
na Santa Igreja Católica,
na comunhão dos santos,
na remissão dos pecados,
na ressurreição da carne,
na vida eterna.
Amém.

ORAÇÃO DE DESCONTAMINAÇÃO

Em nome de Jesus Cristo,
pelo poder de Deus e do seu Santo Espírito,
corto de mim, de toda a minha família,
da minha casa, deste local,
toda contaminação espiritual,
todo dardo de Satanás,
toda fúria contra nós.
Ordeno que o Inimigo vá aos pés da Cruz de Jesus
para que Ele o julgue;
e lhe proíbo de tocar em mim e em meus irmãos,
em nome de Jesus Cristo.
Lavo-me no Preciosíssimo Sangue de Jesus
e tomo posse de toda armadura de Deus;
e que o Espírito Santo renove em mim toda a sua unção.
Invoco a intercessão da Virgem Maria
e dos santos anjos de Deus em meu favor.
Renova em mim, Senhor, todo o teu poder,

para continuar fazendo vossa santa vontade
e alcançar a plenitude do teu Santo Espírito.
Amém.

INVOQUE O ESPÍRITO SANTO, PEDINDO A INSPIRAÇÃO DIVINA PARA DIS-
CERNIR QUAIS AS VERDADEIRAS MURALHAS A SEREM DERRUBADAS

Vinde, Espírito Santo,
enchei os corações dos vossos fiéis
e acendei neles o fogo do vosso amor.
Enviai o vosso Espírito e tudo será criado
e renovareis a face da terra.
Oremos: ó, Deus, que instruístes os corações dos vossos fiéis
com a luz do Espírito Santo,
fazei que apreciemos retamente todas as coisas
segundo o mesmo Espírito
e gozemos da sua consolação.
Por Cristo Senhor Nosso.
Amém.

PRIMEIRA LEITURA
REVISTA-SE COM A ARMADURA DE DEUS, CONFORME EFÉSIOS 6, 10-18

Finalmente, irmãos, fortalecei-vos no Senhor, pelo seu
soberano poder. Revesti-vos da armadura de Deus, para
que possais resistir às ciladas do demônio. Pois não é
contra homens de carne e sangue que temos de lutar,
mas contra os principados e potestades, contra os prín-
cipes deste mundo tenebroso, contra as forças espirituais
do mal (espalhadas) nos ares. Tomai, portanto, a armadura de Deus, para que possais resistir nos dias maus e

manter-vos inabaláveis no cumprimento do vosso dever. Ficai alerta, à cintura cingidos com a verdade, o corpo vestido com a couraça da justiça e os pés calçados de prontidão para anunciar o Evangelho da paz. Sobretudo, embraçai o escudo da fé, com que possais apagar todos os dardos inflamados do Maligno. Tomai, enfim, o capacete da salvação e a espada do Espírito, isto é, a palavra de Deus. Intensificai as vossas invocações e súplicas. Orai em toda circunstância, pelo Espírito, no qual perseverais em intensa vigília de súplica por todos os cristãos.

SEGUNDA LEITURA
CONFORME A SEGUNDA CARTA DE SÃO PAULO AOS CORÍNTIOS 10, 3-7

Ainda que vivamos na carne, não militamos segundo a carne. Não são carnais as armas com que lutamos. São poderosas, em Deus, capazes de arrasar fortificações. Nós aniquilamos todo raciocínio e todo orgulho que se levanta contra o conhecimento de Deus, cativamos todo pensamento e o reduzimos à obediência a Cristo. Estamos prontos também para castigar todos os desobedientes, assim que for perfeita a vossa obediência. Julgais as coisas pela aparência! Quem se gloria de pertencer a Cristo considere que, como ele é de Cristo, assim também nós o somos.

TERCEIRA LEITURA
RECITE O SALMO 90 E REFORCE SUA FÉ E CONFIANÇA EM DEUS

Tu que estás sob a proteção do Altíssimo
e moras à sombra do Onipotente, dize ao Senhor:
"Meu refúgio, minha fortaleza, meu Deus, em quem confio."

Ele te livrará do laço do caçador,
da peste funesta; ele te cobrirá com suas penas,
sob suas asas encontrarás refúgio.
Sua fidelidade te servirá de escudo e couraça.
Não temerás os terrores da noite
nem a flecha que voa de dia,
nem a peste que vagueia nas trevas,
nem a epidemia que devasta ao meio-dia.
Cairão mil ao teu lado e dez mil à tua direita;
mas nada te poderá atingir.
Basta que olhes com teus olhos,
verás o castigo dos ímpios.
Pois teu refúgio é o Senhor;
fizeste do Altíssimo tua morada.
Não poderá te fazer mal a desgraça,
nenhuma praga cairá sobre tua tenda.
Pois ele dará ordem a seus anjos para te guardarem em todos os teus passos.
Em suas mãos te levarão
para que teu pé não tropece em nenhuma pedra.
Caminharás sobre a cobra e a víbora,
pisarás sobre leões e dragões.
"Eu o salvarei, porque a mim se confiou;
eu o exaltarei, pois conhece meu nome.
Ele me invocará, e lhe darei resposta;
perto dele estarei na desgraça,
vou salvá-lo e torná-lo glorioso.
Vou saciá-lo com longos dias e lhe mostrarei minha salvação."

QUARTA LEITURA
COMO MARIA, MANIFESTE O SENTIDO DE SUA PEQUENEZ E C
GRANDEZA DE DEUS, REZANDO O *MAGNIFICAT* – *LUCAS 1, 40-ɔɔ*

Minha alma engrandece o Senhor e meu espírito exulta em Deus meu Salvador, porque olhou para a humilhação de sua serva. Sim! Doravante as gerações todas me chamarão de bem-aventurada, pois o Todo-poderoso fez grandes coisas em meu favor. Seu nome é santo e sua misericórdia perdura de geração em geração, para aqueles que o temem. Agiu com a força de seu braço. Dispersou os homens de coração orgulhoso. Depôs poderosos de seus tronos e a humildes exaltou. Cumulou de bens a famintos e despediu ricos de mãos vazias. Socorreu Israel, seu servo, lembrando de sua misericórdia — conforme prometera a nossos pais — em favor de Abraão e de sua descendência, para sempre!

ORAÇÃO DE QUEBRA DE TODAS AS MURALHAS

Deus Pai, em nome de vosso Filho, Nosso Senhor Jesus Cristo, e pelo poder do Espírito Santo, peço-vos que a força que deste a Josué e seus companheiros diante das muralhas de Jericó seja dada a mim e aos que fazem esta oração.
Senhor Jesus, peço-vos que quebreis as muralhas das pragas, proferidas por boca ou por contaminação, contra nossos antepassados e nos dias de hoje.
Senhor Jesus, peço-vos que quebreis todas as muralhas de maldições vindas de nossos antepassados e nos dias de hoje.
Senhor Jesus, peço-vos que quebreis todas as muralhas do egoísmo, do ciúme, dos vícios.

Senhor Jesus, peço-vos que quebreis todas as muralhas de brigas, contendas, intrigas, desentendimentos, dissoluções de casamento e de família, bem como todos os tipos de desunião.

Senhor Jesus, peço-vos que quebreis as muralhas das dificuldades financeiras, da falta de emprego, das dificuldades nos negócios e no trabalho, da falta de dinheiro e de outras dificuldades assim.

Senhor Jesus, peço-vos que quebreis as muralhas das doenças, sejam elas quais forem, principalmente o câncer, a depressão e a dependência de drogas.

Senhor Jesus, peço-vos que quebreis as muralhas de maus pensamentos, das iluminações, da astúcia de Satanás, sejam das origens que forem.

Senhor Jesus, peço-vos que quebreis as muralhas de toda ação de Satanás em nossa vida espiritual e que façais com que sejamos totalmente renovados pelo vosso Sangue.

Senhor Jesus, peço-vos que quebreis as muralhas de todo o ocultismo em nosso passado e agora, seja ele magia, sortilégio, dependência, pacto, oferendas e consagrações a entidades malignas e espirituais, sejam das origens que forem.

Senhor Jesus, peço-vos que quebreis as muralhas que impedem a obra de Deus em nossa vida.

Senhor Jesus, entregamos nossas vidas a Vós, para que sejais glorificado e que haja um Pentecostes em nós. Acreditamos na vitória que é nossa.

Amém.

QUINTA LEITURA
REZE CONFORME O SALMO 67, 2-3

Levanta-se Deus, eis que se dispersam seus inimigos e fo-gem diante d'Ele os que o odeiam.

Eles se dissipam como a fumaça, como a cera que se derre-te ao fogo. Assim perecem os maus diante de Deus.

SEXTA LEITURA
CLAMANDO A PRESENÇA DO SENHOR NO COMBATE, EM FAVOR DAS INTENÇÕES PESSOAIS E COMUNITÁRIAS, REZE CONFORME O SALMO 34, 1.4-9

Lutai, Senhor, contra os que me atacam, combatei meus adversários.

Sejam confundidos e envergonhados os que odeiam a mi-nha vida; recuem humilhados os que tramam minha des-graça.

Sejam como a palha levada pelo vento, quando o anjo do Senhor vier acossá-los.

Torne-se tenebroso e escorregadio o seu caminho, quando o anjo do Senhor vier persegui-los.

Porquanto sem razão me armaram laços; para perder, cava-ram um fosso sem motivo.

Venha sobre eles de improviso a ruína.

Apanhe-os a rede por eles mesmos preparada; caiam eles próprios na cova que abriram.

Então, a minha alma exultará no Senhor, e se alegrará pelo seu auxílio.

Levanta-se Deus, intercedendo a bem-aventurada Virgem Maria, São Miguel Arcanjo e todas as milícias celestes, e sejam dispersos seus inimigos, e fujam de sua face todos os que odeiam.

Em nome do Pai, do Filho e do Espírito Santo.

Amém.

V. Eis a Cruz do Senhor, fugi potências inimigas.

(*Apresentar a Cruz.*)

R. Venceu o Leão da tribo de Judá, a estirpe de Davi.

V. Venha a nós, Senhor, a vossa misericórdia.

R. Como esperamos em Vós.

V. Senhor, escutai a minha oração.

R. E chegue até Vós o meu clamor.

INVOCANDO O AUXÍLIO DO PRÍNCIPE DA MILÍCIA CELESTE, REZE A ORAÇÃO A SÃO MIGUEL ARCANJO

São Miguel Arcanjo,
defendei-nos no combate,
sede nosso refúgio contra a maldade e as ciladas do demônio.
Ordene-lhe Deus, instantemente o pedimos,
e *vós, príncipe da milícia celeste, pela virtude divina,*
precipitai no inferno a Satanás
e a todos os espíritos malignos que andam pelo mundo
para perder as almas.
São Miguel Arcanjo, defendei-nos e protegei-nos.
Amém.
Glória ao Pai, ao Filho e ao Espírito Santo,
assim como era no princípio, agora e sempre.
Amém.

ORAÇÃO DE LIBERTAÇÃO

Seja quebrado, destruído, todo o poder de Satanás e de seus anjos rebeldes sobre estas intenções. (*Mencionar aqui intenções pessoais e do grupo.*)

Seja destruído, exterminado, neutralizado, todo poder do príncipe das trevas, perseguindo, prejudicando, escravizando, dominando nossas vidas; desejando nossa ruína espiritual e material; semeando ódio, mágoa, desentendimento, orgulho, fofoca e juízos.

Seja destruído, exterminado, neutralizado, todo espírito de desunião nos nossos lares, o qual provoca discórdia, ódio, mágoa, desentendimento, orgulho, fofoca e juízos.

Seja também queimado, destruído, desmanchado, todo e qualquer trabalho e despacho feito, escrito ou pronunciado contra nossas vidas.

Seja destruído, exterminado, neutralizado, todo o nosso conhecimento anterior e atual sobre ocultismo, falsas doutrinas e religiões contrárias à fé católica.

Seja também destruído, queimado, exterminado e eliminado tudo o que diz respeito a moléstias, dores no corpo, problemas mentais, físicos e espirituais, opressão, perseguição diabólica sobre nós e nossa família, inclusive a rejeição de gestação.

Seja queimado, aniquilado, neutralizado, todo o poder do príncipe do mundo sobre nós, provocando discórdia, opressão, tristeza, depressão, angústia, solidão, pavor, desânimo, inveja, ódio, rebeldia, egoísmo, desentendimento.

Agora e para todo o sempre.

Amém.

SÉTIMA LEITURA
LIVRO DE JOSUÉ, CAPÍTULO 6

(No último dia, rezar como de hábito todas as orações; somente o capítulo do Livro de Josué deve ser lido sete vezes, uma em cada dia. Também pode-se optar por passar com o Santíssimo em cada um dos sete dias e, depois, queimar os pedidos, que neste momento devem ser mencionados — tanto os pessoais quanto os do grupo.)

Jericó, cidade murada, tinha se fechado diante dos israelitas, e ninguém saía dela nem podia entrar.
O Senhor disse a Josué: "Vê, entreguei-te Jericó, seu rei e seus valentes guerreiros. Dai volta à cidade, vós todos, homens de guerra: contornai toda a cidade, uma vez. Assim farás durante seis dias. Sete sacerdotes, tocando sete trombetas, irão adiante da arca. No sétimo dia, dareis sete vezes volta à cidade, tocando os sacerdotes a trombeta. Quando o som da trombeta for mais forte e ouvirdes a sua voz, todo o povo soltará um grande clamor e a muralha da cidade desabará. Então, o povo tomará (de assalto) a cidade, cada um no lugar que lhe ficar defronte."
Josué, filho de Num, convocou os sacerdotes e disse-lhes: "Levai a arca da aliança, e sete sacerdotes estejam diante dela tocando as trombetas." E disse, em seguida, ao povo: "Avante! Dai volta à cidade, marchando os guerreiros diante da arca do Senhor."
Logo que Josué acabou de falar, os sete sacerdotes, levando as sete trombetas, retumbantes, puseram-se em marcha diante do Senhor, tocando os seus instrumentos; e a arca da aliança do Senhor os seguiu. Marcharam os guerreiros

diante dos sacerdotes que tocavam a trombeta, e à retaguarda seguia a arca; e durante toda a marcha ouvia-se o retinir das trombetas.

Ora, Josué havia dado esta ordem ao povo: "Não griteis nem façais ouvir a vossa voz, nem saia de vossa boca palavra alguma, até o dia em que eu vos disser: 'Gritai!' Então, clamareis com força."

A arca do Senhor deu uma volta à cidade e retornaram ao acampamento para ali passar a noite.

Josué levantou-se muito cedo, e os sacerdotes levaram a arca do Senhor. Os sete sacerdotes, levando as sete trombetas retumbantes, marchavam diante da arca do Senhor, tocando a trombeta durante a marcha. Os guerreiros precediam-nos, e à retaguarda seguia a arca do Senhor.

E ouvia-se o retinir da trombeta durante a marcha. Deram volta à cidade uma vez, no segundo dia, e voltaram ao acampamento. O mesmo fizeram durante seis dias. Mas, ao sétimo dia, levantando-se de madrugada, deram volta à cidade sete vezes, como nos dias precedentes: esse foi o único dia em que fizeram sete vezes a volta.

Quando os sacerdotes tocaram as trombetas na sétima volta, Josué disse ao povo: "Gritai, porque o Senhor vos entregou a cidade. A cidade será votada ao Senhor por interdito, como tudo o que nela se encontra; exceção feita somente a Raabe, a prostituta, que terá a sua vida salva com todos os que se encontram em sua casa, porque ocultou os espiões que tínhamos enviado. Mas guardai-vos (de tocar) no que é votado ao interdito. Se tomardes algo do que foi anatematizado, atraireis o interdito sobre o acampamento de Israel, o que seria uma catástrofe. Toda a prata, todo o ouro e todos os objetos de bronze e de ferro serão consagrados ao Senhor e farão parte do seu tesouro."

O povo clamou e os sacerdotes tocaram as trombetas. E logo que o povo ouviu o som das trombetas, levantou um grande clamor. A muralha desabou. A multidão subiu à cidade, sem nada diante de si.

Tomaram a cidade e votaram-na ao interdito, passando a fio de espada tudo o que nela se encontrava, homens, mulheres, crianças, velhos e até mesmo os bois, as ovelhas e os jumentos.

Josué disse, então, aos dois homens que tinham explorado a terra: "Entrai na casa da prostituta e fazei-a sair de lá com tudo o que lhe pertence."

Os espiões entraram na casa e fizeram sair Raabe, seu pai, sua mãe, seus irmãos e tudo o que lhe pertencia, toda a sua parentela, e puseram-nos em segurança fora do acampamento de Israel.

Queimaram a cidade com tudo o que ela continha, exceto prata, ouro e todos os objetos de bronze e de ferro, que foram recolhidos aos tesouros da casa do Senhor. Josué conservou a vida de Raabe, a prostituta, bem como a da família de seu pai e a de todos os seus, de sorte que ela habitou no meio de Israel até este dia, porque ela havia ocultado os mensageiros enviados a explorar Jericó.

Então, proferiu Josué este juramento: "Maldito seja diante do Senhor quem tentar reconstruir esta cidade de Jericó! Será ao preço do seu primogênito que lhe lançará os primeiros fundamentos, e será à custa do último de seus filhos que lhe porá as portas!"

O Senhor estava com Josué, e o seu renome divulgou-se por toda a terra.

ANTES DE CONCLUIR, FAÇA ALGUNS MOMENTOS DE LOUVOR E AGRADE-
CIMENTO DIANTE DO SANTÍSSIMO SACRAMENTO

*(Se o Santíssimo Sacramento estiver exposto, antes de guar-
dá-lo canta-se o* Tantum ergo.*)*

Tão sublime Sacramento adoremos neste altar,
pois o Antigo Testamento deu ao Novo o seu lugar.
Venha a fé por suplemento os sentidos completar.
Ao eterno Pai cantemos, e a Jesus, o salvador;
ao Espírito exaltemos. Na Trindade, eterno amor.
Ao Deus uno e trino demos a alegria do louvor.
Amém.

V. Do céu lhes destes o pão.
R. Que contém todo o sabor.
Oremos. Senhor, que, neste admirável sacramento, nos
deixastes o memorial de vossa paixão, concedei-nos a graça de venerar de tal modo os sagrados mistérios de vosso
Corpo e Sangue, que possamos experimentar sempre em
nós o fruto de vossa redenção. Vós que viveis e reinais com
o Pai e o Espírito Santo. Amém.

*(Segue-se a bênção do Santíssimo. Em seguida, reza-se o ato
de louvor.)*

Bendito seja Deus.
Bendito seja o seu santo nome.
Bendito seja Jesus Cristo, verdadeiro Deus e verdadeiro homem.
Bendito seja o nome de Jesus.
Bendito seja o seu sacratíssimo coração.
Bendito seja o seu preciosíssimo sangue.

Bendito seja Jesus no Santíssimo Sacramento do altar.

Bendito seja o Espírito Santo Paráclito.

Bendita seja a grande mãe de Deus, Maria santíssima.

Bendita seja sua santa e imaculada conceição.

Bendita seja sua gloriosa assunção.

Bendito seja o nome de Maria, virgem e mãe.

Bendito seja São José, seu castíssimo esposo.

Bendito seja Deus, nos seus anjos e nos seus santos.

Deus e Senhor nosso, protegei a vossa Igreja, dai-lhe santos pastores e dignos ministros. Derramai as vossas bênçãos sobre o nosso Santo Padre, o papa, sobre o nosso bispo, sobre o nosso pároco e todo o clero, sobre o chefe da nação e do Estado e sobre todas as pessoas constituídas em dignidade, para que governem com justiça. Dai ao povo brasileiro paz constante e prosperidade completa. Favorecei com os efeitos contínuos de vossa bondade o Brasil, este (arce)bispado, a paróquia em que habitamos, cada um de nós em particular e todas as pessoas por quem somos obrigados a rezar ou que se recomendaram às nossas orações. Tende misericórdia das almas dos fiéis que padecem no purgatório. Dai-lhes, Senhor, o descanso e a luz eterna.

Pai-nosso. Ave-Maria. Glória ao Pai.

(Se o Santíssimo não estiver exposto, encerra-se com a bênção abaixo.)

V. O Senhor esteja conosco.

R. Ele está no meio de nós.

V. Abençoe-vos Deus todo-poderoso, Pai e Filho † e Espírito Santo.

R. Amém.

AGORA ESCREVA, EM UM DOS BLOCOS DA MURALHA, MAIS UM
OBSTÁCULO QUE VOCÊ DESEJA DERRUBAR EM SUA VIDA.

CAPÍTULO 5
ATINGIR OS ALICERCES DA MURALHA PELA ORAÇÃO

Quero crer que, depois da leitura atenta do capítulo anterior, onde apresentamos o rito completo do Cerco de Jericó, você percebeu que a oração é o motor desta grande vitória — a derrubada de tantas muralhas — que Deus quer realizar em nossa vida e na sociedade como um todo.

Insisto em que a oração contínua e perseverante é fundamental. A necessidade de rezar sempre foi salientada pelo próprio Jesus (cf. Lc 18, 1-8).

Sendo assim, cabe a mim aprofundar um pouco mais a reflexão sobre a importância da vida de oração. Sem ela não vamos a lugar algum, e muito menos conseguimos derrubar as muralhas gigantes que nos impedem de avançar. Então, é hora de aprender a rezar melhor.

Inicio nossa jornada com esta frase inspiradora de Santo Afonso Maria de Ligório: "Se alguém se perdeu na condenação eterna, é porque não rezou."

De minha parte, sempre enfatizo a oração como caminho de vida e de união com Deus. Refiro-me à oração personalizada, aquela que se caracteriza por um momento de encontro íntimo com nosso Pai e que constitui a verdadeira forma de amar.

Para realizarmos essa oração, é necessário nos colocarmos na presença de Deus. E, para isso, precisamos de tempo, dedicação e disciplina. Trata-se de um empenho pessoal.

Avançando um pouco mais, digo que para esse encontro é necessário fazer um exame de consciência, sem esquecer o quão difícil é para nós ficarmos cara a cara com as nossas misérias. No entanto, essa reflexão tem um papel educativo; trata-se de uma verdadeira pedagogia, a qual nos permite acessar o que temos de valioso, assim como nossos pontos mais frágeis. Nossa grande dificuldade e resistência advêm do fato de não querermos enxergar esse lado menos edificante. Afinal, geralmente temos uma visão distorcida de nós mesmos. Por isso, a etapa do exame de consciência é muito importante e não pode ser pulada.

O ENCONTRO ENTRE O "EU" E A DIVINDADE

A oração exige que entremos em um estado de quietude maior ou de "silêncio interior". Como explica Santo Agostinho: "Eis que habitavas dentro de mim e eu te procurava do lado de fora!" Por isso, para percebermos a presença de Deus e nos conectarmos com o que há de mais belo e precioso, devemos aquietar o coração. A esse respeito, Santa Teresa fez uma analogia muito inspiradora: comparou o momento da oração com a entrada em um palácio tão bonito por dentro que não dá vontade de olhar para o que está fora dele.

Nós temos uma compreensão equivocada de que o céu habitado por Deus representa um local distante, fora de nós. Na verdade, esse lugar mencionado pelo Pai-nosso é o coração dos justos, um caminho interno.

Quando insisto em que o primeiro passo da oração é mergulhar em nossa própria miséria para encontrar a misericórdia, você pode pensar: "Padre, tenho meus afazeres e nem sempre disponho de tempo para ir à igreja e participar da Missa, e por isso aproveito para rezar em qualquer local em que esteja, até mesmo no trânsito. Mas, então, isso não vale? Não devo rezar assim?"

Já cheguei a escandalizar uma pessoa ao responder que rezar dessa forma não vale — pelo menos não só assim. Muitos rezam o Terço enquanto fazem uma caminhada, por exemplo, o que não deixa de ser louvável. No entanto, não se pode abrir mão da verdadeira essência da oração, que é o encontro a dois, o momento a sós com o Senhor. Por outro lado, conheço pessoas que dificilmente rezam conforme as regras ou com palavras bonitas, mas têm uma facilidade enorme de se colocarem na presença do Senhor, engendrando um verdadeiro diálogo de amor.

É isso o que a oração, em seu princípio mais genuíno, demanda de nós: ao nos encontrarmos na presença de Deus, devemos pensar menos nas palavras e mais no amor.

Mas... Como chegar a Deus?

A resposta não permite rodeios: encurtando caminhos e explicações. Para tanto, coloquemos diante de nós Jesus Ressuscitado. Essa é a perspectiva de Santa Teresa, de São João da Cruz e de tantos outros místicos. Jesus é a presença esperada em nossa oração, Aquele com quem vamos dialogar. Se nos distrairmos, e isso ocorre com frequência — não raro, surge algum imprevisto que tira a nossa concentração —, basta retomarmos do ponto de onde partimos:

Senhor, eu estou aqui na Tua presença.
Sou um servo inútil que quer te amar.
Jesus Cristo, meu Amado, meu Senhor,
Eu sei que estás diante de mim e eu, diante de ti.
Quero te amar, quero te adorar.

Siga repetindo essas palavras quantas vezes forem necessárias para retomar sua oração.

JESUS ESTÁ MAIS PRÓXIMO DO QUE VOCÊ IMAGINA

Costumo ouvir comentários sobre o quanto os apóstolos eram privilegiados e mais felizes, uma vez que tinham o Mestre ao seu lado; podiam vê-lo, tocá-lo, testemunhar suas curas... Sem dúvida, trata-se de uma experiência única e maravilhosa, mas é um erro pensar dessa forma. E digo mais: pasme você ou não, nós temos mais de Jesus do que os apóstolos jamais tiveram.

Inacreditável?! Eu explico...

Por meio da encarnação, Jesus despojou-se da divindade e se tornou homem, ou seja, se diminuiu. É lógico que, depois de sua morte e da Ressurreição, Jesus reassumiu seu lugar à direita do Pai, e justamente por essa mudança nós somos mais felizardos que os apóstolos, pois podemos "senti-lo" na sua glória, na sua majestade. Podemos nos colocar em sua presença na oração — e, ainda mais, nós o encontramos presencialmente na Eucaristia. Temos contato direto com um Jesus ressuscitado, vitorioso, poderoso.

Realmente, o Pai o revelou e Ele está conosco, isto é, comigo e com você!

A presença de Jesus é o núcleo central de todo esse processo imersivo em que nos preparamos para encontrar o Altíssimo. Então, é legítimo afirmar que uma oração sem a presença divina perde o sentido. Não é por acaso que a oração cristã está focada em Jesus Cristo. Ele é presença ativa de amor, e rezar é amar.

Também é importante ter consciência de que, ao rezar, podemos obter, sim, consolações, que são pequenas dádivas que Deus nos oferece para nos estimular. Porém, nem sempre — na maioria das vezes, arrisco dizer — isso ocorre, e é aí que temos a oportunidade de provar nosso amor. Antes de tudo, rezamos porque amamos, e, se as consolações não vierem, não há razão para desistir; ao contrário, é motivo para intensificar ainda mais a nossa vida de oração.

São Pio de Pietrelcina ensinava que a oração faz desaparecer a distância entre o homem e Deus. E, para não faltar inspiração, cito novamente Santo Agostinho: "A oração é uma chave que nos abre as portas do céu."

APRENDA A CULTIVAR O GRÃO DO AMOR

Neste livro, você já percebeu que os antigos têm muito a nos ensinar. Lembremos, pois, dos primeiros padres que se retiraram para o deserto ou dos mosteiros primitivos, que não dispunham das Sagradas Escrituras.

Naquele tempo, os monges acompanhavam pela manhã a recitação dos Salmos, escutavam determinada leitura e, depois, ficavam o dia inteiro "matutando", isto é, meditando as frases daqueles escritos. Não se tratava de um trabalho esporádico, mas contínuo. Devemos fazer a mesma coisa hoje, e sem a desculpa de não contarmos sequer com a Bíblia para nos guiar. Em outras palavras, para alcançar intimidade com Deus por meio da oração, não basta dedicar apenas cinco ou dez minutos do seu dia, mas um tempo razoável. Uma dica que costumo dar é selecionar uma frase e refletir a respeito dela durante o dia inteiro.

Faça essa experiência. Escolha um texto bíblico — pode ser um Salmo — e reze-o uma, duas, três vezes. Certamente uma frase saltará a seus olhos. Por exemplo, no meu caso, o versículo que se destacou no Salmo 21 foi o sétimo: "O rei confia no Senhor, o Deus Altíssimo; e, por causa do amor do Senhor, será rei para sempre." Então eu a repito, medito, rezo a partir dela ao longo do dia.

Somos seres abençoados porque contamos com os cinco sentidos para absorver o mundo à nossa volta. Porém, quando se trata de rezar, parece que nos esquecemos disso. Alguns minutos na presença de Deus e a mente já começa a se dispersar...

Certamente, fixar o pensamento em Deus, que está em um nível mais abstrato, exige maior concentração do que em relação àquele que podemos ver, ouvir, cheirar, comer ou tocar. Desse modo, não conseguimos evitar que aquela conversa com a Mariazinha fique martelando na nossa cabeça em vez de meditarmos sobre aquilo que a Palavra diz, não é mesmo?

Porém, como, para todo bom cristão, desafio dado é desafio aceito, não é por ser mais custoso que não devemos tentar. Afinal, quando somos crianças e vamos aprender a andar de bicicleta, levamos uns belos tombos até sairmos por aí sentindo a vida sobre duas rodas. Então, jamais voltamos a pensar como se faz para realizar tamanha proeza: tudo se resolve automaticamente! Com a oração, a lógica é a mesma. Se não nos empenharmos em treinar e aprender, estaremos sempre a pé na estrada da fé, à mercê de uma eterna "iniciação", sem condições de crescer, prosperar.

Se nos colocamos na presença do Senhor, isto é, se temos o sagrado diante de nós, invariavelmente falamos de coração para coração, porque a única linguagem da oração é o amor. E essa linguagem tem o poder de quebrar todas as barreiras.

Quem é pai, mãe ou responsável por alguém já deve ter feito essa experiência: quando é necessário corrigir os filhos, agir com rispidez faz com que eles se fechem; por outro lado, ao utilizar a linguagem do amor, tudo tende a fluir melhor, mesmo naqueles casos em que se está lidando com alguém de temperamento explosivo. Ora, se isso ocorre até com as pessoas ditas mais "difíceis", imagine com Deus, que é o Sumo Bem.

Se formos a Ele com a fé do tamanho de um minúsculo grão de mostarda, ou seja, com uma "pitadinha" de amor, podemos pedir a Ele que as montanhas ou muralhas sejam derrubadas — e elas serão! "Se tiverdes fé como um grão de mostarda, direis a esta montanha: transporta-te daqui para lá, e ela irá; e nada vos será impossível" (Mt 17, 20).

Não precisamos levantar a voz e gritar, pois Jesus nunca fez isso. O grão de mostarda é um "tiquinho" de nada. Eu sempre tive curiosidade de ver de perto esse grão mencionado nas Sagradas Escrituras e fui gentilmente agraciado com algumas sementes enviadas pelos colegas do Mosteiro da Ressurreição, em Ponta Grossa, onde havia uma planta de mostarda. Eu, muito ogro, abri tão desajeitadamente o pacote que as sementinhas caíram no chão, e, por serem tão pequeninas, não as encontrei mais.

Por isso, eu reforço: o grão do amor entre o Amado (Jesus) e o amante (nós), se bem cuidado na oração, ainda que seja minúsculo, crescerá e dará frutos.

CHEGUE MAIS PERTO E AQUEÇA-SE COM O AMOR

São Tiago escreveu em sua carta: "Confessai os vossos pecados uns aos outros, e orai uns pelos outros para serdes curados. A oração do justo tem grande eficácia" (Tg 5, 16). A palavra "fervorosa" vem de fervura, que remete ao amor do Espírito Santo. Estar fervendo de amor por Deus é estar abrasado, aquecido de amor por Ele.

Porém, há uma dúvida muito recorrente: Deus é capaz de dizer não ao que pedimos em oração?

Com certeza, pois Ele nos ama tanto que não vai nos atender se não se tratar do melhor para nós. Se aquilo que estamos pedindo não está de acordo com os planos de Deus e não corresponde à nossa salvação, Ele não nos concederá. Foi o que São João nos ensinou: "A confiança que depositamos nele é esta: em tudo quanto lhe pedirmos, se for conforme à sua vontade, ele nos atenderá. E se sabemos que ele nos atende em tudo quanto lhe pedirmos, sabemos daí que já recebemos o que pedimos" (1 Jo 5, 14-15).

Encontramos um exemplo muito controverso disso na oração de Santa Rita de Cássia. Quando seus dois filhos, ainda jovens, juraram vingar a morte do pai assassinado, ela teve a coragem de pedir que, se fosse para seus filhos se tornarem assassinos, o Senhor os levasse, a fim de não cometerem esse pecado mortal. E ela foi ouvida: os dois ficaram gravemente enfermos, e a mãe os ajudou a se converterem. Por isso, antes de partirem, perdoaram o assassino do pai.

É evidente que não estou sugerindo que desejemos a morte de nossos entes, mesmo quando estes ameaçam cometer — ou mesmo cometem — algum tipo de atrocidade. A vida é um bem maior e deve estar acima de tudo, e esse é um ensinamento que vem de Deus. No entanto, para além das aparências, esse episódio da trajetória de Santa Rita nos faz atentar para algo cuja compreensão ainda nos falta: o plano da salvação que Deus tem para cada um de nós está acima de tudo. Muitas vezes, achamos que não fomos atendidos, ou até que fomos lesados de alguma forma, quando o que Deus pratica e quer de nós é um amor livre de qualquer egoísmo, capaz de levar-nos a um bem maior, integral e eterno.

Já temos, portanto, a resposta sobre o porquê de nossas orações nem sempre serem atendidas. E isso é uma coisa boa! Deus jamais dará uma serpente a quem pede um pão, nem veneno a quem pedir um copo d'água. Ele é nosso Pai e, como tal, não nos dará aquilo que poderá ser perdição.

Atesto que, na minha vida sacerdotal, que já completou suas bodas de prata, fiz muitos pedidos a Deus, que, como Pai amoroso, me respondeu: "Eu não vou te dar isso, Reginaldo, porque te amo e não quero que você se perca." Assim, Deus me provava que aquilo realmente não seria bom para minha vida. Hoje, só tenho a dizer: "Obrigado, Pai do Céu, porque naquela hora não me concedeu o que pedi."

Diante dessa constatação, a lógica mundana nos leva a questionar: se não somos atendidos sempre, por que rezar?

O apóstolo Paulo tem essa resposta: "Não vos inquieteis com nada! Em todas as circunstâncias apresentai a Deus as vossas preocupações, mediante a oração, as súplicas e a ação de graças. E a paz de Deus, que excede toda a inteligência, haverá de guardar vossos corações e vossos pensamentos, em Cristo Jesus" (Fl 4, 6-7).

Mesmo não sendo atendidos da forma como pedimos, a oração por si só já nos agracia com a paz de Deus, uma paz que nos fortalece, nos renova na esperança e nos defende dos inimigos.

É o que São João Crisóstomo define com maestria: "A oração é âncora para os flutuantes, tesouro para os pobres, remédio para os doentes e preservativo para os sãos." Outro grande santo da Igreja, São Bernardo de Claraval, também prestou contribuição muito significativa ao explicar por que o ato de rezar é um poderoso antídoto contra o medo: "Por mais fortes que sejam as potências do inferno, a oração é mais forte do que todos os demônios."

Certamente, muitos já ouviram falar dos fenômenos climáticos El Niño e La Niña, por meio dos quais, quando há um aquecimento anormal em pleno inverno, a chuva ou a estiagem em excesso castigam determinadas regiões. Para quem trabalha no campo, tudo o que atinge a plantação é um problema muito sério. Costumo fazer uma analogia entre os prejuízos causados por esses desequilíbrios ambientais e aquilo que nossas palavras e ações podem provocar em nossas vidas, e para isso sempre recorro a um texto do profeta Isaías: "Tal como a chuva e a neve caem do céu e para lá não volvem sem ter regado a terra, sem a ter fecundado, e feito germinar as plantas, sem dar o grão a semear e o pão a comer, assim acontece à palavra que minha boca profere: não volta sem ter produzido seu efeito, sem ter executado minha vontade e cumprido sua missão" (Is 55, 10-11).

Pois bem, o que recomendo a quem tem o hábito de proferir coisas negativas é exatamente isto: que comece a se corrigir no amor. Pensamentos e palavras negativos são como gases tóxicos que liberamos na atmosfera; eles sobem e parecem desaparecer, mas depois caem como chuva ácida sobre nós mesmos. Muitos reclamam desse fenômeno, mas a verdade é que quem o provocou foram eles mesmos: ou seja, todo o mal que lhes aflige é parte daquilo que pensaram, pronunciaram e buscaram. Os xingamentos e desejos maldosos se transformam em chuva ácida que corrói as amizades, o casamento, a família. Então, é hora de mudar, pôr um "freio na língua", providenciar um filtro bem poderoso para ajustar os pensamentos e as palavras, assim como fazemos quando uma foto não está lá muito boa e a queremos publicar no Instagram.

Uma medida muito eficaz que recomendo para ajudar nessa correção de rota é recuperar com urgência as reuniões de família, nas quais podemos tomar decisões juntos e, principalmente, estabelecer, de comum acordo, a regra de não proferir mais palavras e comentários negativos a respeito de Fulano ou Sicrano, ainda que tenhamos a convicção de que estamos com a razão. Juntos, é possível proclamar: "Porque, quanto a mim, eu e minha casa serviremos ao Senhor!" (Js 24,15).

Faça isso e observe como as coisas irão mudar.

TENHA UMA ATITUDE DE ORAÇÃO

Entre tantas outras, há duas razões principais para se rezar: a primeira é render a Deus a glória que lhe é devida por todos os benefícios e graças que os concede. A segunda é para ouvir a Deus e d'Ele receber inspirações e iluminações interiores, como ensina São Pio de Pietrelcina.

Quantos não crescemos ouvindo de nossos avós, quando nos machucávamos ou não conseguíamos realizar as tarefas: "Até parece que não reza!" Ou então: "Você precisa rezar mais!" Nessa sabedoria dos mais antigos está presente uma grande verdade: a oração nos protege e nos inspira a fazer o certo.

Uma pessoa conhecida partilhou comigo que estava sentindo-se completamente desprovida de motivação, incapaz de agir com criatividade no trabalho, no namoro, e até mesmo no modo de falar com os outros. Sentia como se estivesse tudo truncado em seu interior. Essa pessoa estava saturada, com a alma estressada — o que é bem pior do que o estresse físico, porque abre uma porta para as investidas do Maligno. Então, fiz-lhe uma pergunta que a levou a refletir: "Você tem rezado?"

Pode parecer algo simples e banal, mas, muitas vezes ou quase sempre, o *insight* de que necessitamos vem de algo totalmente ao alcance das nossas mãos, mas que a atenção voltada para conflitos e preocupações não nos permite enxergar. Ao longo da vida, vamos perdendo a doçura e a capacidade de amar, pois não temos uma atitude de oração, ou seja, não exercitamos a linguagem do amor verdadeiro.

Então, acredite: rezar é render graças a Deus e receber muitas inspirações, inclusive para poder ajudar a família e todas as pessoas à nossa volta. Há muitas mulheres que são esteios familiares, alicerce para diversas gerações, porque buscam, por meio da oração, o discernimento, a linguagem do amor, o néctar de Deus. Trata-se de pessoas dotadas da iluminação divina, aquela luz do Espírito Santo que nunca se apaga.

A oração propicia a maior das intimidades com Jesus, como Ele mesmo indicou: "Já não vos chamo servos, porque o servo não sabe o que faz seu senhor. Mas chamei-vos amigos, pois vos dei a conhecer tudo quanto ouvi de meu Pai" (Jo 15, 15).

Jesus é essa presença amorosa na oração. Ele se une a nós e quer ser chamado de amigo. Na minha avaliação, essa espiritualidade de um Deus amigo é algo que nos falta. Talvez pela minha formação, confesso que tenho certa dificuldade em assumir tamanha informalidade e tratar Jesus como "meu amigo", mas foi Ele quem nos autorizou a isso.

Um exemplo muito elucidativo de aprendizado do amor e da oração nos é dado pelo evangelista João. Ele entrou para a história como o discípulo amado, mas nem sempre foi assim. Ele e seu irmão Tiago, também apóstolo de Jesus, eram pessoas difíceis, conhecidos como "filhos do trovão". Quando estava indo para Jerusalém, a mãe dos dois cometeu uma grande inconveniência — para dizer o mínimo — ao se aproximar de Jesus e pedir-lhe para que seus filhos se sentassem um à sua direita e outro à sua esquerda no Reino (cf. Mt 20, 20). Jesus amava Nossa Senhora e tinha um carinho muito grande para com todas as mães, e de tal modo que não a afastou e ouviu o seu pedido. Mãe coruja, ela acreditava que seus filhos eram os melhores, os mais fiéis e os que mais amavam o Senhor, e por isso mereciam tamanha dádiva. Jesus, porém, fez-lhe uma séria advertência: "Não sabeis o que pedis. Podeis vós beber o cálice que eu devo beber?" (Jo 20, 22). Suponho que, naquela hora, Tiago e João quase morreram de vergonha por terem colocado a própria mãe nesse enrosco...

Embora isso não esteja escrito na Bíblia, certamente João buscou o favoritismo, o que é próprio da natureza humana. Tanto que os outros dez apóstolos não gostaram nada daquela atitude e ficaram zangados com os dois irmãos.

João quis o melhor lugar e envolveu a pobrezinha da sua mãe na história, porém não podia imaginar que, com essa atitude pouco edificante, já ganharia o primeiro presente de Jesus, o qual podemos identificar na indagação feita pelo Senhor quanto à disposição de beberem do seu cálice. Cristo completou: "De fato, bebereis meu cálice. Quanto, porém, a sentar-vos à minha direita ou à minha esquerda, isso não depende de mim vo-lo conceder. Esses lugares cabem àqueles aos quais meu Pai os reservou" (Mt 20, 23). Ao responder "sim", João, apesar de em princípio ter desejado apenas a glória, aceitou a própria cruz. Há quem diga que sua transformação iniciou-se exatamente naquele instante; sua vida mudou e ele se fez íntimo de Jesus, ou seja, entrou na linguagem do amor, passou a amar o sofrimento, a humilhação — e esse amor não parou de crescer, propiciando-lhe viver sob a influência da graça.

O segundo presente veio na Santa Ceia, quando Jesus emprestou a João seu coração. Quando os doze apóstolos estavam à mesa com o Mestre, todos receberam o pão e o vinho por Ele ofertados, mas somente João, porque desejava e aprendera a amar, repousou no coração de Jesus: "Um dos discípulos, a quem Jesus amava, estava à mesa reclinado ao peito de Jesus" (Jo 20, 23).

Se queremos ter uma vida de oração e de intimidade com o Senhor, temos de aceitar o primeiro presente de Jesus: a nossa cruz. Não adianta rejeitá-la, porque ela é minha, sua e de todo e qualquer ser humano. Repito: assim como no caso de João, o primeiro presente que ganhamos, se estamos dispostos a seguir Jesus, é a nossa cruz.

O segundo presente é o seu Sagrado Coração, no qual podemos repousar quando estivermos cansados, desanimados, no "fundo do poço", tal como trato no meu livro O *poder oculto*. Ali, explico que, quando achamos que chegamos ao ponto mais fundo, lá está o Inimigo para cavar ainda mais o buraco e nos enterrar. Todavia, é nessa hora que podemos reclinar no Coração de Jesus e descansar. A oração nos proporciona justamente essa bênção de nos aconchegarmos nesse Coração quantas vezes precisarmos. Aqui está, portanto, uma grande lição para aprender a rezar: reclinar-se mais e abandonar-se em Deus.

João ainda recebeu de Jesus um terceiro presente: a Virgem Maria. É interessante observar que, no momento da crucificação, foi precisamente aos cuidados de João que Nosso Senhor entregou sua Mãe. De fato, não havia outra pessoa mais merecedora senão aquele que falava a linguagem do amor. João não estava ali por acaso, mas porque amava muito e fora capaz de vencer seus maiores medos. Embora tenha fugido durante a prisão de Jesus no Getsêmani, foi o primeiro a se arrepender e a voltar. Nem Pedro nem os outros voltaram na hora da crucificação, de todas a mais dolorosa. Esse pode parecer um gesto relativamente simples de arrependimento, mas é muito mais do que isso. Assistir a uma pessoa que só fez o bem morrer em uma cruz demanda uma coragem excepcional, que só pode advir do amor.

João viveu e amadureceu tanto no amor que escreveu em sua primeira epístola: "Caríssimos, amemo-nos uns aos outros, porque o amor vem de Deus, e todo o que ama é nascido de Deus e conhece a Deus" (1 Jo 4, 7).

Deus nos amou primeiro, e por essa única e exclusiva razão somos capazes de amar também. No entanto, por que nosso coração não se alarga como o de João? Nós também ganhamos do Senhor os três presentes aqui citados, mas ainda assim não nos tornamos discípulos do amor. Se temos a cruz; se temos o Coração de Jesus, por meio da Eucaristia; se temos também sua Mãe, Maria Santíssima, como nossa Mãe, por que não mudamos?

Porque precisamos de um desempenho muito melhor na escola do amor, da bondade e da caridade. João, o "filho do trovão", aquele que arrumou tanta confusão, nos confronta com esta grande verdade.

Como sabemos, Pedro pediu para ser crucificado de cabeça para baixo por não se achar digno de ter recebido a mesma sentença do Mestre. Paulo foi decapitado, enquanto João morreu de causa natural, apenas na velhice. Sabemos, pela tradição, que João foi perseguido no tempo do imperador romano Tito Flávio Domiciano (81-96) e chegou a ser mergulhado em óleo fervente, mas sobreviveu. Também passou por um período de exílio na Ilha de Patmos, na Grécia, onde escreveu o *Livro do Apocalipse*. Segundo os exegetas, a cruz de João foi justamente o desespero de assistir a uma Igreja ainda nascente, a Igreja do seu Amado, perseguida, com cristãos perdendo o fervor por não vivenciarem a verdadeira fé. O Apocalipse é, em boa medida, o retrato da dor de João.

O que fere mais, um ataque rápido ou uma dor que vai nos calejando? Quer cruz pior do que esta? Os grandes estudiosos dizem que uma "gota de amargura" foi colocada na doçura de João e o fez escrever sua última e mais polêmica obra.

Fico preocupado quando ouço alguém dizer sem pensar: "Eu aceito a minha cruz." Embora seja algo de foro íntimo e todas as pessoas, cristãs ou não, orantes ou incrédulas, tenham de arcar com o peso da própria cruz, lembro sempre que existem três tipos de cruz, de acordo com um clássico texto a esse respeito.

O primeiro deles é a cruz da incredulidade, da revolta, do desespero. Carrega-se a cruz do sofrimento, das consequências dos erros, mas nada nela ensina ou redime. É o que ocorreu com o mau ladrão, que morreu ao lado de Cristo e não aproveitou a salvação tão próxima.

O segundo tipo é a cruz reparadora, do arrependimento, que carregamos pelas nossas faltas e erros. Se o fizermos com dignidade e firmeza, caindo e levantando, talvez possamos merecer a salvação. Trata-se da cruz do bom ladrão.

Já a terceira cruz é a da salvação, da justificação, da fé, aquela que carregamos com Cristo, oferecendo os sofrimentos em expiação pelos outros pecadores.

TENHA HUMILDADE NA ORAÇÃO, DERRUBE AS MURALHAS DO ORGULHO E DA VAIDADE

Ao rezar, podemos cometer um grande erro caso busquemos graças meritórias, uma vez que não somos merecedores de nada. Tudo é graça de Deus, mas às vezes nos colocamos diante d'Ele enaltecendo o quanto somos dignos do seu amor: "Senhor, eu pago o dízimo"; "Senhor, eu sou justo"; "Eu faço caridade, sempre doo alimentos e as roupas que não uso mais aos pobres"... Essa é uma postura de barganha que não condiz com o amor gratuito do Pai e nos impede de recebê-lo, ainda que Ele nos ame.

Na oração, é necessário nos despirmos de toda a vaidade, como nos ensina o Catecismo da Igreja Católica: "A humildade é o fundamento e a disposição necessária para receber gratuitamente o dom da oração: o homem é um mendigo de Deus" (cf. *Catecismo da Igreja Católica*, 2559).

Jesus nos deixou uma parábola que evidencia com precisão a diferença entre aqueles que se mostram vaidosos e se vangloriam de si mesmos e os que são humildes e apenas clamam pela misericórdia divina na hora de rezar: "Subiram dois homens ao templo para orar. Um era fariseu; o outro, publicano. O fariseu, em pé, orava no seu interior desta forma: Graças te dou, ó Deus, que não sou como os demais homens: ladrões, injustos e adúlteros; nem como o publicano que está ali. Jejuo duas vezes na semana e pago o dízimo de todos os meus lucros. O publicano, porém, mantendo-se a distância, não ousava sequer levantar os olhos ao céu, mas batia no peito, dizendo: Ó Deus, tem piedade de mim, que sou pecador! Digo-vos: este voltou para casa justificado, e não o outro. Pois todo o que se exaltar será humilhado, e quem se humilhar será exaltado" (Lc 18, 10-14).

De fato, nossas orações não passarão de testemunhos hipócritas se formos incapazes de amar e de nos tornarmos mais sensíveis às necessidades dos irmãos.

DUAS FORMAS DE REZAR

Quando os apóstolos pediram ao Senhor que os ensinasse a rezar, Ele lhes transmitiu a oração vocal conhecida como Pai-nosso. Jesus também recomendou que, ao rezar, evitássemos o excesso de palavras.

Explicando melhor: a força da oração vocal não está em falar, mas em amar.

Realmente, a experiência mostra que não é obrigatório fazer longas preces para desmontar o fervor da alma.

Quantas vezes participamos de uma Missa mais longa — por exemplo, a Vigília Pascal, em que não há como fazer uma celebração rápida — e fica difícil manter-se o tempo todo atento? Eu me deparo muito com esse tipo de dificuldade, especialmente quando vou celebrar Missas que são transmitidas ao vivo pela TV: são inúmeras câmeras e equipamentos que ficam se movimentando para lá e para cá o tempo todo; um deles, chamado grua, atua como uma espécie de guindaste, subindo e descendo, e quando vem na minha direção, parece uma cobra pronta para dar o bote! Então, tenho de me esforçar muito para manter o foco naquilo que estou fazendo. Felizmente, ao longo do tempo consegui desenvolver algumas técnicas para não me distrair.

A oração vocal exige habilidade de quem a recita. É preciso pronunciar as palavras não só com a boca, mas com a mente e o coração. É evidente que chega um momento em que, por um motivo ou outro, nós nos desconcentramos e pulamos palavras sem querer. Aqui, novamente, dou a minha cara a tapa e me apresento como exemplo desse tipo de equívoco.

Muitas vezes, ao lidar com as minhas penúrias e rezar o Terço, acontecia de iniciar a oração da Ave-Maria e pensar em outra coisa. Então, insistia e voltava ao início, mas logo me via disperso novamente e não conseguia terminar o conjunto de mistérios. O problema era tão recorrente que cogitei não rezar mais. Porém, quando comentei sobre isso com meu diretor espiritual, ele me disse que eu estava sendo presunçoso e preciosista ao extremo, como se tudo estivesse sob meu controle, quando na verdade o Senhor é o condutor da oração. Rezar é, antes de tudo, amá-lo, e para amá-lo importa mais entregar-se do que o esforço exclusivo. Não precisamos nos esforçar para amar: simplesmente amamos e nos deleitamos na companhia do Amado. Então, se porventura perdemos o foco ao procurar as palavras, devemos retomá-lo direcionando nossa atenção para a presença do Senhor.

São Pio de Pietrelcina teve muitas "filhas e filhos espirituais" que recorriam a ele em busca de aconselhamentos, e nesse processo deve ter ouvido muitos relatos sobre distrações no momento da oração. Ele repetia que todas as orações são boas quando acompanhadas de intenções corretas e de boa vontade.

Estou utilizando o termo "oração vocal" para diferenciá-la da "oração mental", que tem a ver com aquele encontro a sós com o Senhor que mencionei no início deste capítulo. A oração mental demanda um grau elevado de concentração para identificarmos o que Deus quer de nós.

Quando nosso pensamento se eleva a Deus e demonstramos em palavras os sentimentos íntimos do nosso coração, quando falamos com Ele como a um amigo próximo e querido que também desejamos ouvir, estamos fazendo a oração mental.

Santa Teresa d'Ávila assim definiu: "Para mim, a oração mental não é senão tratar de amizade — estando muitas vezes tratando a sós — com quem sabemos que nos ama." Também é dela a constatação: "Sem a oração mental, a alma se atirará a si mesma no inferno."

Para um bom desenvolvimento e aproveitamento da oração mental, é preciso conhecer seus propósitos: a união mais íntima com Deus, obtenção das graças necessárias para isso, o conhecimento da soberana vontade divina e a força para realizá-la em nossa vida.

Ouvir a Deus, porém, parece algo impossível, não é mesmo?

Novamente cito Santa Teresa d'Ávila: "Vocês pensam que Deus não fala porque não se ouve a sua voz? Quando é o coração que reza, Ele responde."

Apesar de possuírem uma dinâmica diversa, a oração vocal e a mental estão intimamente ligadas. Santa Teresa, por exemplo, dizia que para ela era muito difícil distinguir quando terminava uma e começava a outra. Portanto, podemos nos valer das orações vocais, mas sem esquecer que a prática da oração mental também deve ser desenvolvida e é o ápice da vida interior.

No mais, como você já deve ter percebido, oração implica exercício — e, quanto mais se ama, mais se quer experimentar esse estado de graça. Gosto de uma comparação feita entre o ato de rezar e um passarinho que bebe água: assim como a ave se delicia aos pouquinhos, erguendo a cabeça em direção ao céu enquanto engole suavemente a água, ao rezar mergulhamos na Bíblia com a mesma serenidade, deglutindo um trecho de cada vez até internalizar completamente a Palavra e nos elevarmos em direção ao Céu. Dessa maneira, não passamos sede nem fome, porque contamos com o alimento da espiritualidade.

Ainda sobre a importância do empenho na oração, volto a citar São Pio: "A oração é a melhor maneira que temos para abrir o Coração de Jesus."

Por isso, o mais importante na oração não é a quantidade, mas a qualidade. Santa Teresinha do Menino Jesus confidenciou: "Eu não encontro muita razão em buscar oração em livros formosos. Como eu não sei escolher qual a melhor oração para rezar ao meu Jesus, penso que a melhor oração é a oração da criança que simplesmente diz: 'Deus, eu necessito de ti.'" No mesmo sentido, São Tomás de Aquino, o Doutor Angélico, dizia que mais vale uma Ave-Maria proferida com grande amor do que obras heroicas sem amor algum.

De fato, há quem tenha fascínio por obras grandiosas, estando sempre à espera de aplausos e elogios sobre a sua vida de oração. Acontece que isso não tem nada a ver com o genuíno propósito de rezar. Aliás, em nossas comunidades, somente as obras realizadas em nome de Jesus são consideradas heroicas, e todas têm o mesmo reconhecimento, sem qualquer tipo de distinção.

Com base nesses conceitos de humildade e equidade, lanço a você um desafio muito pessoal: aprofundar sua experiência com esse amor de Deus. Para facilitar, comece refletindo sobre estas questões:

Como está sua vida de oração?

Qual é o itinerário que você percorre até colocar-se na presença do Senhor?

Onde está seu coração no momento da oração?

E lembre-se: não perca o ânimo quando sofrer algum tipo de repreensão, pois o Senhor corrige a quem ama. Deus somente castiga a quem tem como seu filho. Se hoje estamos sendo corrigidos, então não somos bastardos (cf. Hb 12, 5-13). Afinal, qual é o pai que não educa seus filhos? Se, quando estamos sob a responsabilidade de nossos pais na terra, devemos nos submeter a eles, que dirá quando se trata do nosso Pai que está no céu! As pessoas são falíveis e podem cometer erros ao nos corrigirem, mas nosso Pai celeste sempre acerta porque nos quer na santidade d'Ele. Ainda que, num primeiro momento, isso não nos agrade, chegará a hora em que nos sentiremos plenos de paz e alegria pelas correções que Deus fez em nós.

Para finalizar, reforço que nenhuma oração passa despercebida por Deus. Ele se inclina para nos ouvir, e aqui está a prova disso: "Eis o que diz o Senhor, Deus de Davi, teu pai: Ouvi a tua oração e vi as tuas lágrimas. Por isso, vou curar-te" (2 Rs 20, 5). Esta é a resposta de Deus às nossas orações.

Saliento, porém, que nossos pedidos não têm o condão de mudar a disposição divina. Como registrou São Tomás de Aquino, ela serve para conseguirmos aquilo que Deus já nos determinou e que só receberemos por meio da oração (cf. *Suma Teológica*, II-II, art. 2, q. 83). Em outras palavras, a oração não muda a vontade de Deus, e sim nossa disposição para compreender qual é a sua vontade em nossa vida e de alcançá-la.

Por isso, se você está estagnado, aprisionado, sem esperança, esforce-se ainda mais na oração. Entregue seu caminho ao Senhor, levantando as mãos cansadas e fortalecendo-se sobre os joelhos enfraquecidos. Com Deus à frente, todas as muralhas vão cair e você chegará vitorioso à sua terra prometida: o céu.

Oração

Oferecimento de si mesmo

Tomai, Senhor, e recebei
toda a minha liberdade,
a minha memória,
o meu entendimento
e toda a minha vontade.
Tudo quanto tenho e possuo,
de vós o recebi.
Por isso a vós, Senhor,
o entrego e restituo,
para que disponhais de tudo
segundo a vossa vontade.
Concedei-me somente o vosso amor
e vossa graça, que isto me basta,
nem outra coisa desejo
da vossa misericórdia infinita.
Amém.

CAPÍTULO 6

ABRINDO FRESTAS NAS MURALHAS PELA AÇÃO DO ESPÍRITO SANTO

As muralhas erguidas — quer na sociedade, quer em nossa vida — podem, pela graça de Deus e pelo nosso esforço, estremecer, ceder em alguns pontos, mas por vezes não desmoronam completamente.

Diante do aparente insucesso, corre-se o risco de desanimar ou recuar. É exatamente nesse momento que a ação do Espírito Santo tem uma grande importância. Ele nos oferece o auxílio e o ânimo de que necessitamos nos embates, a fim de que possamos dar continuidade no seguimento de Jesus.

Muitas vezes, tomamos decisões das quais nos arrependemos, pois elas nos levam ao fracasso e à derrota. Nesses momentos, costumamos pensar: "Fiz tudo como deveria fazer! Onde foi, então, que errei?" Como diretor espiritual, eu respondo prontamente: faltou pedir o discernimento do Espírito Santo. Para ser mais preciso, devemos buscar e manter o Espírito Santo à nossa frente, nos iluminando e conduzindo, para que Deus não tenha de vir atrás tapando os buracos provocados pelas nossas cabeçadas.

A maioria das pessoas está habituada a recorrer ao Pai e ao Filho, mas se esquece de invocar o Espírito Santo, que já foi chamado, por alguns, de "O Grande Desconhecido". Isso é lamentável, pois é Ele que nos impulsiona e move, aperfeiçoando nossos dons e virtudes. O Espírito Santo é fruto do amor de Deus e de Cristo.

DEIXE-SE CONDUZIR PELO AGENTE DA NOSSA SANTIFICAÇÃO

Filha, filho, todos nós somos, por essência, necessitados do Espírito Santo. Neste livro, estamos nos inspirando no Cerco de Jericó para derrubar muralhas da vida pela força da oração, e por isso não podemos, de forma alguma, nos esquecer da ação do Espírito Santo, que reza conosco e por nós. Sua presença é uma fonte de consolo, força e estímulo à perseverança na oração.

O Espírito Santo é aquele que se manifesta em favor dos fracos, que somos todos nós. Ele age na fraqueza humana, ou seja, nas nossas misérias, debilidades e incoerências. O papel consolador do Espírito Santo faz d'Ele nosso melhor aliado. Ele cumpre a promessa de Jesus: "E eu rogarei ao Pai, e ele vos dará outro Paráclito, para que fique eternamente convosco" (Jo, 14, 16).

Sem dúvida, conforme explica o Catecismo, Cristo aparece enquanto imagem visível do Deus invisível, ao passo que o Espírito Santo é o responsável por revelá-lo (*Catecismo da Igreja*

Católica, 689). Isso quer dizer que a luz do Espírito de Deus nos revela sua Palavra e seus desígnios, fazendo com que as verdades cheguem até nós e que não apenas creiamos nelas, mas também as vivamos e as testemunhemos.

O apóstolo Paulo destaca: "Todavia, Deus no-las revelou pelo seu Espírito, porque o Espírito penetra tudo, mesmo as profundezas de Deus. Pois quem conhece as coisas que há no homem, senão o espírito do homem que nele reside? Assim também as coisas de Deus ninguém as conhece, senão o Espírito de Deus" (1 Cor 2, 10-11).

O Espírito Santo intercede considerando nossas necessidades, muitas vezes imperceptíveis a nós mesmos, e nos capacita a proferir uma oração poderosa baseada na vontade de Deus, que abala os alicerces das muralhas da nossa vida. É o Espírito que aviva nossa fé e nos encoraja a prosseguirmos em oração, mesmo quando estamos desanimados e não conseguimos rezar. Ele vem em nosso socorro e pede ajuda ao Senhor conosco. Por isso São Judas aconselha em sua carta: "Orai no Espírito Santo" (Jd 1, 20).

Isso significa alcançar uma perspectiva que vai além das nossas paixões e fraquezas; consiste em colocar-nos na presença do Senhor por inteiro, sendo quem realmente somos. Isso só é possível graças à ação do Espírito e por meio da fé, numa entrega e renúncia completas da nossa vontade em favor dos planos de Deus. Tudo o que estiver reservado para nós virá.

Inspirada na narrativa do Batismo de Jesus, quando o Espírito desceu e pousou sobre Ele, a iconografia cristã o representa com o símbolo da pomba. Além disso, também se costuma pensar que o Espírito Santo é como o "doce hóspede da alma". Ao sermos batizados, Ele faz morada em nós, conforme explicou Paulo: "Não sabeis que sois o Templo de Deus, e que o Espírito de Deus habita em vós?" (1 Cor 3, 16). E ainda: "Ou não sabeis que o vosso corpo é templo do Espírito Santo, que habita em vós, o qual recebestes de Deus e que, por isso mesmo, já não vos pertenceis?" (1 Cor 6, 19).

O Espírito transforma os corações endurecidos e nos capacita a discernir entre o bem e o mal, praticando o primeiro e evitando o segundo. Na prática, funciona como o sopro de vida que transforma e renova todas as coisas: "O vento sopra onde quer; ouves-lhe o ruído, mas não sabes de onde vem, nem para onde vai. Assim acontece com aquele que nasceu do Espírito" (Jo 3, 8).

Como todos sabem, o Espírito Santo é terceira pessoa da Santíssima Trindade. Por isso, podemos afirmar que Ele existe desde sempre e estava presente na criação do mundo: "No princípio, Deus criou o céu e a terra. A terra estava sem forma e vazia; as trevas cobriam o abismo e o Espírito de Deus pairava sobre as águas" (Gn 1, 1-2).

Não podemos deixar de reforçar, ademais, que Jesus, o Filho de Deus, foi concebido pelo poder do Espírito Santo: "A missão do Espírito Santo está sempre conjugada e ordenada à do Filho. O Espírito Santo é enviado para santificar o seio da Virgem Maria e fecundá-la divinamente, ele que é 'o Senhor que dá a vida', fazendo com que ela conceba o Filho Eterno do Pai em uma humanidade proveniente da sua" (*Catecismo da Igreja Católica*, 485).

Embora Jesus, na condição de Filho de Deus, também seja o próprio Deus e, portanto, não tenha pecado algum, ao assumir a condição humana fez questão de contar com a ajuda do Espírito Santo, permitindo ser guiado e fortalecido por Ele em sua jornada na Terra. Logo após o Batismo no rio Jordão, Nosso Senhor foi conduzido pelo Espírito para o deserto, onde foi tentado pelo demônio (cf. Mt 2, 1). É interessante observar que essa experiência de Jesus com o tentador também havia sido vivenciada por Adão, que de início também não tinha pecado, mas caiu em tentação e, com isso, fez o pecado adentrar o mundo. (E olha que Adão estava no Paraíso, com árvores frutíferas e todo tipo de regalias à sua disposição, enquanto Jesus foi assaltado no deserto, em jejum, com fome, mas resistiu e Se manteve fiel à sua missão.)

Aprofundando um pouco nossa reflexão, podemos afirmar que sem o Espírito Santo não se pode entender Jesus. Isso acontece porque é sobretudo na vida de Jesus que se revela a presença do Espírito de Deus. Ele esteve presente durante toda a vida terrena de Cristo e no seu ministério, do mesmo modo como está sempre conosco.

O ESPÍRITO SANTO E A IGREJA

São João narra em seu Evangelho: "Na tarde do mesmo dia, que era o primeiro da semana, os discípulos tinham fechado as portas do lugar onde se achavam, por medo dos judeus. Jesus veio e pôs-se no meio deles. Disse-lhes ele: 'A paz esteja convosco!' Dito isso, mostrou-lhes as mãos e o lado. Os discípulos alegraram-se ao ver o Senhor. Disse-lhes outra vez: 'A paz esteja convosco! Como o Pai me enviou, assim também eu vos envio a vós.' Depois dessas palavras, soprou sobre eles dizendo-lhes: 'Recebei o Espírito Santo. Àqueles a quem perdoardes os pecados, lhes serão perdoados; àqueles a quem os retiverdes, lhes serão retidos" (Jo 20, 19-23). Essa narrativa se refere a uma Igreja que ainda é uma semente desejada no coração de Deus e que precisa ser regada pela efusão do Espírito Santo.

Em outra passagem, Jesus declara: "Em verdade, em verdade vos digo: se o grão de trigo, caído na terra, não morrer, fica só; se morrer, produz muito fruto" (Jo 12, 24). O próprio Jesus é a semente que, antes, fora um grão jogado na terra, esteve enterrado no sepulcro e ressuscitou. Sabemos que, em um plantio, se não chover, a semente não nasce; ora, a semente é o Verbo, isto é, Jesus, mas a água transbordante que cai na semente é o Espírito Santo de Deus.

A Igreja também é uma semente que, sem dúvida, nasceu e cresce pela efusão do Espírito. O Espírito Santo é a chuva que cai na semente e garante a sua transformação em uma árvore frutuosa.

Apenas pela capacidade humana, não conseguiríamos constituir a Igreja. No início, os Apóstolos se sentiam amedrontados, sem saber o que fazer. São Lucas, nos Atos dos Apóstolos, conta que, quando Jesus ascendeu ao céu, já não podiam mais vê-lo, mas continuavam a olhar para o alto até que dois anjos apareceram e disseram: "Homens da Galileia, por que ficais aí a olhar para o céu? Esse Jesus que acaba de vos ser arrebatado para o céu voltará do mesmo modo que o vistes subir para o céu" (At 1, 11).

O próprio Jesus, em sua vida terrena, tinha preparado os onze discípulos restantes (Judas o traíra e se suicidara) para a missão de evangelizar. Após a ressurreição, apareceu-lhes várias vezes, mas eles ainda não haviam saído mundo afora. Afinal, necessitavam da força do Espírito Santo: Cristo mesmo dissera, antes da ascensão ao Céu, que "não se afastassem de Jerusalém, mas aguardassem que se cumprisse a promessa do Pai". Assim, os apóstolos, juntamente com Maria, reuniram-se no Cenáculo e se mantiveram perseverantes na oração, preparando-se e aguardando o cumprimento da promessa.

Cinquenta dias após a Ressurreição de Jesus, no dia de Pentecostes, quando eles estavam reunidos, Jesus cumpriu sua promessa: enviou o Paráclito, o Espírito Santo, a força do alto, o sopro do amor do Pai e do Filho (cf. At 1, 12-14; 2, 1ss). A Igreja teve assim seu início e se abriu a todos os povos e nações. Ao longo de toda a história da humanidade, nós precisamos deste dom especial.

Foi assim com os apóstolos e é assim que ocorre hoje na Santa Igreja. É a ação do Espírito Santo que suscita, de tempos em tempos, sua renovação. Aproveito para citar como grandes agentes dessa transformação São Francisco, Santa Teresa, São João XXIII, São João Paulo II e, atualmente, o Papa Francisco, com sua feição pastoral. Não se trata somente de dizer "Venham até a Igreja", e sim "Vamos ao povo para cuidar das suas feridas, porque ele está machucado. Vamos ao seu encontro a fim de responder a perguntas novas com a novidade do Evangelho".

Essas respostas não são inventadas por mentes prodigiosas, mas iluminadas pelo Espírito Santo, que se faz presente na Palavra e confere a ela uma luz diferenciada. É como se a Palavra de Deus fosse uma pedra preciosa que, ao ser atingida pela luz, espalha essa luminosidade por todos os lados com nuances diversas. O Espírito Santo é a luz que recai sobre a Palavra e se projeta com diferentes reflexos, pois, à medida que a humanidade evolui, os desafios se alteram. A pedra (Palavra) é a mesma, mas o raio de luz que emana dela se modifica a todo momento. Não se trata de mudar a fé, mas de trazer a luz para guiar nosso povo.

A Igreja não se manteria sem o Espírito Santo. Cremos nos Sete Dons que recebemos no Batismo e confirmamos no sacramento da Crisma: sabedoria, inteligência, conselho, fortaleza, ciência, piedade e temor de Deus. Sobre eles falei de maneira mais completa no meu livro intitulado *20 passos para a paz interior*.

O apóstolo Paulo afirma que ninguém pode dizer que "Jesus é Senhor" a não ser pelo Espírito, e a Igreja iniciada no Cenáculo testemunhava essa força. O Espírito conferiu unidade aos seguidores de Jesus que, até então, estavam inseguros e amedrontados e os impulsionou a proclamar a Boa-nova. Pentecostes tornou-se, assim, símbolo do nascimento da Igreja, em que tem início a missão de cumprir a determinação de Jesus: "Ide por todo o mundo e pregai o Evangelho a toda criatura" (Mc 16, 15). Com isso, inaugurou-se o tempo do Espírito Santo, capaz de curar interna e externamente a tudo e a todos.

PEÇA SEMPRE POR UM NOVO PENTECOSTES

O derramamento do Espírito fortalece o que é fraco, propiciando ânimo e vigor. Cristo já conquistou e saiu-se vitorioso, então vivamos sua vitória!

O Espírito Santo é verdade, a conexão que nos mantém ligados a Cristo. É por isso que a Igreja, Corpo Místico que se faz unidade ao redor dos sacramentos, é a maior certeza da nossa salvação. Quem a conduz é o Espírito Santo!

Vale ressaltar que Pentecostes não foi um fato conclusivo, mas o início do derramamento do Espírito Santo. Portanto, estamos no tempo da efusão do Espírito (cf. *Catecismo da Igreja Católica*, 2819). Podemos e devemos sempre pedir um Pentecostes novo, para que consigamos levar adiante nossa missão e fazer acontecer o Reino de Deus. São João Paulo II recomendou: "Como os apóstolos depois da ascensão de Cristo, a Igreja deve reunir-se no Cenáculo 'com Maria, a Mãe de Jesus' (At 1, 14), a fim de implorar o Espírito e obter força e coragem para cumprir o mandato missionário. Também nós, bem mais do que os apóstolos, temos necessidade de ser transformados e guiados pelo Espírito."

Precisamos do fervor do Espírito para nossa alma não se tornar fria, indiferente. Muitos se esquivam porque o Espírito Santo nos compromete com a missão, como sabiamente observou o Papa Francisco: "Falando claro, o Espírito Santo nos incomoda. Porque mexe conosco, nos faz caminhar, empurra a Igreja para a frente. E nós somos como Pedro na Transfiguração: 'Ah, como é bom estarmos aqui, todos juntos!' Mas que não nos incomode. Queremos domesticar o Espírito Santo. E isso não está bem. Porque Ele é Deus e Ele é aquele vento que vai e vem e não sabemos de onde. É a força de Deus, é aquele que nos dá a consolação e a força para seguir adiante. Mas seguir adiante! Isso incomoda. A comodidade é melhor!" (Homilia de 16 de abril de 2013). No dia seguinte, o papa voltou ao assunto pedindo que sejamos "fiéis ao Espírito para anunciar Jesus com a nossa vida, com o nosso testemunho e nossas palavras. (...) Ser cristão é um dom que nos faz ir em frente com a força do Espírito no anúncio de Jesus Cristo" (Homilia de 17 de abril de 2013).

Devemos suplicar sempre: "Vinde, Espírito Santo, e trazei a nós e à Igreja um novo vigor, um novo ardor missionário, um novo Pentecostes." E também clamar:

Pai, fui criado e recriado pela graça da redenção do teu Filho.
Creio nisso, mas preciso de mais! Dá-me então teu Espírito santificador. Dá-me teu Espírito consolador, que vem em auxílio das minhas fraquezas; aquele que vem me defender do mal; aquele que vem afugentar o Inimigo.
Vem, Espírito Santo, vem com teu poder.

FRUTOS DO ESPÍRITO

Nesta proposta de derrubar as muralhas e realizar um Cerco de Jericó em nossa vida, abordarei agora, com um pouco mais de profundidade, os frutos do Espírito Santo. Segundo o apóstolo Paulo, são nove, a saber: amor, alegria, paz, longanimidade, benignidade, bondade, fidelidade, mansidão e autodomínio (cf. Gl 5, 22-23).

Repito que a força, o vigor e o ânimo para derrubarmos as muralhas que teimam em se manter em pé vêm do Espírito Santo.

Sabemos que em nosso Batismo recebemos do Espírito os sete dons citados anteriormente, os quais são confirmados pelo sacramento da Crisma. Esses dons nos são dados de fora para dentro e já vêm prontos, completos. Os frutos, por outro lado, nos chegam pela conversão, isto é, são gerados e trabalhados em nós, brotando de dentro para fora: "Os frutos do Espírito são perfeições que o Espírito Santo forma em nós como primícias da glória eterna" (*Catecismo da Igreja Católica*, 1832).

Para uma melhor compreensão, desejo detalhá-los um a um, com a descrição dos aspectos negativos que a ausência deles provoca em nós. Por isso, peço que, com honestidade e serenidade, você aproveite para fazer um exame da sua vida. Ao identificar a ausência de um ou mais frutos do Espírito, aproveite para suplicar em oração a graça de seu recebimento. Agora é a hora de examinar as pedras que nós mesmos empilhamos para o fortalecimento das muralhas, dificultando a sua derrubada. Vejamos.

Amor. É o principal fruto, sem o qual os outros deixam de existir. O amor é um mandamento e constitui a base da vivência cristã e de tudo o que praticamos. Os outros frutos estão todos alicerçados nele. "O amor jamais acabará. As profecias desaparecerão, o dom das línguas cessará, o dom da ciência findará. (...) Por ora subsistem a fé, a esperança e o amor — os três. Porém, o maior deles é o amor" (1 Cor 13, 8.13). Portanto, uma pessoa que sente ódio, que nutre raiva ou que vive encolerizada, incapaz de propagar amor, não se abriu ao Espírito Santo.

Alegria. Isso é algo que só o Senhor proporciona e não deve ser confundido nem com uma euforia passageira nem com o contentamento efêmero que o mundo oferece. Esse fruto advém da comunhão com Deus e da confiança n'Ele. Não se trata de algo esporádico, mas de um estado de espírito que se evidencia pelo prazer de viver, de regozijar-se em Cristo e desejar estar com Ele, independentemente das condições materiais ou financeiras. A tristeza e o desespero não são obras de Deus, que nos criou para a felicidade. Conforme nos recomenda São Paulo: "Alegrai--vos sempre no Senhor. Repito: alegrai-vos!" (Fl 4, 4).

Paz. Caracteriza-se pela sensação de mansidão, pela suavidade da alma. Resulta de nossa amizade com Deus. Trata-se da paz interior, como Jesus desejou: "Deixo-vos a paz, dou-vos a minha paz. Não vo-la dou como o mundo a dá" (Jo 14, 27). Essa é uma paz que brota de dentro e que devemos estimular no meio onde vivemos, a fim de transformar a sociedade e construir um mundo melhor.

Longanimidade. Consiste na capacidade de manter a calma e suportar provações. Uma pessoa que desenvolve esse fruto tem autocontrole e, como o Senhor, é tardia em irar-se. Em vez disso, age com paciência, perseverança, resistência, equilíbrio, firmeza e tolerância. A alma dotada de longanimidade não se revolta contra Deus, não se desespera nas dificuldades e confia na Providência divina. Deus é longânimo por excelência, pois não quer condenar ninguém e nos dá tempo suficiente para nos arrependermos de nossos pecados e nos converter (cf. 2 Pd 9).

Benignidade. É o que nos leva a ser compassivos e misericordiosos, a agir na gratuidade, fazendo o bem desinteressadamente, sem esperar nada em troca. Esse bem é aquele praticado por quem se mostra generoso e sempre oferece mais do que alguém merece ou espera. Deus é, antes de tudo, generoso para conosco, mostrando sua benignidade ao nos salvar não por nossos méritos, mas por seu amor infindo.

Bondade (benevolência). Consiste em demonstrar boa vontade e ir além da empatia para com o outro. Uma pessoa benevolente é compreensiva e se preocupa com o bem-estar do próximo, demonstrando isso com palavras e ações. Ela ama em qualquer circunstância, tem temperamento dócil, sente compaixão e procura sempre uma maneira de ser gentil e não magoar ninguém, sobretudo as pessoas mais humildes. Jesus disse que só Deus é bom (cf. Mc 10, 18; Lc 18, 19). A bondade genuína provém de um sentimento profundo de compreensão e de compaixão.

Fidelidade. Está ligada a condutas como integridade, honestidade, sinceridade e lealdade. Este fruto nos torna pessoas confiáveis, dignas de crédito, fortalecendo-nos para que nos conservemos fiéis ao Senhor acima de tudo, em qualquer situação. A fidelidade e a fé apresentam dimensões absolutamente convergentes, pois exigem um comprometimento pessoal profundo em nosso relacionamento com o Criador. A fidelidade também leva ao respeito e à defesa da moral e da ética cristãs, o que inclui a Doutrina e o Magistério da Santa Igreja de Deus. O Senhor é fiel e espera fidelidade de quem com Ele caminha.

Mansidão. Esta é uma das virtudes do Sagrado Coração de Jesus. Cristo é o modelo de mansidão, como Ele mesmo declarou: "Vinde a mim, vós todos que estais aflitos sob o fardo, e eu vos aliviarei. Tomai meu jugo sobre vós e recebei minha doutrina, porque eu sou manso e humilde de coração e achareis o repouso para as vossas almas. Porque meu jugo é suave e meu peso é leve" (Mt 11, 28-30).

Este fruto jamais deve ser confundido com fraqueza ou timidez, pois se trata da força demonstrada com sabedoria e domínio. A mansidão nos leva a sermos pacificadores de conflitos externos, no ambiente em que vivemos, e também internos, apaziguando nossas emoções.

Autodomínio (temperança). Constitui algo que só o Espírito Santo pode nos dar. Trata-se da capacidade de dominar nossos desejos carnais, de não agir apenas por impulso e pela força do desejo. Este é o fruto que traz a capacidade de vencer vícios e maus hábitos. Confere-nos a possibilidade de moldar nossa vida segundo o exemplo de Jesus Cristo e desenvolve em nós a disciplina na vida espiritual e na oração.

Esses são os frutos do Espírito Santo que devemos nos esforçar para fazer brotar em nós. Para isso, temos de clamar mais pela ação do Espírito. Foi o próprio Jesus quem disse que o Pai do Céu o dará a quem pedir (cf. Lc 11, 13). E Ele fará isso sem economia, porque, embora vivamos num mundo de escassez e racionamentos, Deus nos conforta e nos provê em abundância.

Como já citei, o Espírito Santo atua onde e como quer. Ninguém o retém, nem mesmo a Igreja. Ele sopra com sua própria força, movendo e fazendo acontecer. O que nos falta é clamar por essa efusão. A quem pedir, ela será dada. O que aconteceu na vida dos apóstolos também pode se repetir conosco: o encorajamento e o avivamento dos dons transformados em frutos.

Para finalizar, reafirmo que o Espírito Santo é a força da graça que quer libertar, derrubar as muralhas, realizar um Cerco de Jericó em nossas vidas. Ele pode curar e transformar a humanidade. Marca o tempo novo de Deus, no qual vivemos sob a graça, e não mais sob a tirania das leis.

A vida no Espírito produz alegria, o que nos permite superar toda e qualquer barreira feita de mazelas mundanas e pessimismos. Embora tudo indique que o mundo caminha para o caos e o homem, para o seu declínio, Deus é, sim, capaz de bloquear e reverter a direção dessa trajetória.

Oração

Ao Espírito Santo

Divino Espírito Santo,
amor do Pai e do Filho,
eu vos peço:
Acalmai meus nervos,
amansai meu gênio,
dominai meus ímpetos,
pacificai meu coração,
renovai meus sentimentos,
iluminai minha mente,
dirigi minha vontade,
apossai-vos de minha liberdade,
aumentai minha fé,
firmai minha esperança,
abrasai-me na caridade,
concedei-me vossos dons e frutos.
Por Jesus Cristo, a quem seja dada a glória
por toda a eternidade.
Amém.

AGORA ESCREVA, EM UM DOS BLOCOS DA MURALHA, MAIS UM
OBSTÁCULO QUE VOCÊ DESEJA DERRUBAR EM SUA VIDA.

CAPÍTULO 7

AS SETE VOLTAS EM TORNO DA MURALHA, LOUVANDO, CLAMANDO E CONFIANDO EM DEUS

O momento da queda das muralhas de Jericó foi certamente grandioso. Entre lágrimas, gritos de alegria e louvores, o poder de Deus se manifestou. A mesma experiência foi reservada para nós por Deus, que sempre faz maravilhas em nossa vida e em nossa história.

No entanto, não podemos nos esquecer de que, assim como ocorreu com o povo de Israel, por sete dias somos testados em nossa confiança: ao darmos "a primeira volta" em torno das muralhas da nossa vida, provavelmente nos deparamos com situações conflitivas e difíceis que, à primeira vista, não emitem nenhum sinal de que vão ceder ou mudar. Na trajetória dos hebreus, o que os motivou a persistirem foi uma profunda confiança em Deus.

Quero frisar, como já o fiz em livros anteriores, que o número sete tem sentido especial para os judeus e também para nós, cristãos. Trata-se precisamente do simbolismo da perfeição, da totalidade de Deus. Em sete dias, Deus criou o mundo. Depois, ensinou a perdoar "setenta vezes sete", isto é, a perdoar sempre.

Portanto, a vida é um constante Cerco de Jericó, repleta de muralhas que desmoronam e outras que se erguem. Isso demanda de nós, durante toda a nossa existência, uma vida de oração profunda, segundo o modelo de Jesus Cristo. Ele mesmo, em sua vida terrena, enfrentou grandes muralhas e derrubou todas, até mesmo a morte na Cruz. Cabe-nos, agora, descobrir o segredo da sua perseverança e do seu sucesso: sua intimidade e confiança no Pai.

Mas como Ele vivia essa intimidade e a mantinha? De que forma rezava e se relacionava com Deus?

Vivemos em uma sociedade cada vez mais individualista; muitas vezes, mesmo dentro de casa, na interação com familiares, as relações não são de proximidade. Conversamos, trocamos ideias, mas falta aquele vínculo de verdade. É tudo meio mecânico: como dizem, "só para cumprir tabela". Participamos, mas sem um envolvimento mais profundo.

Apesar da convivência, cria-se um distanciamento em que é cada um por si. E, se isso ocorre em relacionamentos com pessoas que estão materialmente presentes em nossa vida, imagine o que não fazemos com Deus, que não se faz visível no sentido mais elementar!

Pois bem. Faço questão aqui de reforçar o contrário dessa lógica, afirmando sem meias palavras: Deus deve ser, *prioritariamente*, o nosso interlocutor direto, e não o último a ser buscado.

Deus é amor, e somos seus filhos. Jesus, nosso mestre de oração, nos ensinou que, para nos relacionarmos intimamente com Deus, temos de estar "abrasados", "aquecidos de afeto", "apaixonados", ou seja, falar a linguagem do amor. Ele mesmo foi um homem de oração, retirando-se para lugares desertos com o intuito único de rezar (cf. Lc 5, 16). Largava literalmente tudo para esse momento de conexão com o sagrado: às vezes, estava naquele momento efusivo, curando pessoas, em meio à multidão, rodeado pelos apóstolos, e se afastava para rezar. Nos momentos bons e também nos ruins, Jesus sentia a necessidade de ficar a sós com o Pai.

Nós também temos de criar esse hábito; mesmo quando estivermos em uma festa, se sentirmos vontade, não devemos ter receio de deixar tudo de lado para rezar. Não é só na hora do desespero que devemos procurar Deus.

Como já expliquei, o ambiente comunitário tem imenso valor, e a Missa é a mais perfeita de todas as orações. No entanto, nunca devemos descuidar da oração mental. Nunca! Esse é um momento absolutamente pessoal, vivenciado, como consta no Evangelho de Mateus, no seu quarto, de portas fechadas e em segredo (cf. Mt 6, 6). Além disso, nos prepara para recebermos e vivermos melhor todos os sacramentos.

Outra recomendação valiosa está em não se propor a rezar por um período muito extenso logo de cara; com disciplina e fidelidade diária, comece com o tempo mínimo de quinze minutos. Então, vá aumentando aos poucos e crescendo na intimidade com Deus. Lembre-se: a oração mental é que dá qualidade à vocal!

EMPENHE-SE EM BUSCAR A PROXIMIDADE COM DEUS

Jesus sempre fez a vontade do Pai e a Ele foi submisso. O amor ao Pai o levava a ser obediente até as últimas consequências.

Os apóstolos perceberam a virtuosidade do Mestre e a Ele recorreram, pedindo: "Senhor, ensina-nos a rezar." Obviamente, ninguém vai pedir a um professor de história ensinamentos sobre como jogar futebol ou a um advogado as técnicas para tornar-se cantor. Para aprender determinada atividade, recorre-se a quem é PhD ou *expert* nessa respectiva área.

Após o pedido dos apóstolos, Jesus lhes ensinou a oração Pai-nosso (Lc 11, 1). Essa prece, tão conhecida de todos nós, consta no registro de dois evangelistas: em Lucas temos o formato mais sintético, com apenas cinco petições; e em Mateus, o mais estendido, com sete petições. É esta que nós, cristãos, seguimos em nossa liturgia (cf. Lc 11, 1-4; Mt 6, 9-13).

É interessante que Jesus comece chamando Deus de Pai. Isso demonstra que essa palavra já tinha sido elaborada, internalizada e, portanto, fazia parte do seu cotidiano. Ele verbalizou aquilo que, em sua intimidade, já experimentava.

Nunca antes alguém havia se dirigido a Deus nesses termos, embora Ele já tivesse manifestado, no livro do profeta Jeremias, o desejo de ser chamado de Pai pelo seu povo: "'Que lugar' — dissera eu — 'vou conceder-te entre meus filhos, que terra de delícias vou dar-te como herança, a mais bela joia das nações!' E eu acrescentara: 'Tu me chamarás: meu pai, e não te desviarás de mim'" (Jr 3, 19). Na prática, até Jesus tomar essa iniciativa, os homens nunca haviam chamado a Deus de Pai. Coube ao Filho fazê-lo.

Certamente, Nossa Senhora e São José devem ter ensinado Jesus a recitar os Salmos que fazem parte da liturgia orante dos judeus. O mesmo vale para a oração denominada *Shemá Israel*, que é a declaração de fé central do judaísmo, passada de geração a geração. Porém, lembremos que, aos doze anos — portanto, ainda menino —, Jesus disse à Maria, sua Mãe: "Por que me procuráveis? Não sabíeis que devo ocupar-me das coisas de meu Pai?" (Lc 2, 49). Assim, deixava de se referir a Deus como no Antigo Testamento.

Jesus abre um novo horizonte ao começar a chamar Deus de Pai. Tudo na sua vida era amor ao Pai, e Ele quer que também experimentemos esse sentimento. Nosso Senhor veio para revelar o Pai e fazê-lo ser amado, o que só é possível quando nosso coração está tomado de amor.

Mesmo no momento mais terrível da vida de Jesus, naquelas horas de agonia no Getsêmani, quando o sofrimento foi tão intenso que Ele suou sangue, Ele não se esqueceu de que tinha um Pai. E ali rezou não uma, mas três vezes, repetindo as mesmas palavras: "Meu Pai..." (cf. Mt 26, 39-45).

A Carta aos Hebreus nos diz: "Embora fosse Filho de Deus, aprendeu a obediência por meio dos sofrimentos que teve" (Hb 5, 8). Na prática, Jesus nos ensina a buscar no próprio Pai a força e a coragem para fazermos sua vontade em nossa vida.

Como você já sabe, o Pai-nosso é uma oração vocal. Também é chamada de "oração dominical", o que não tem nada a ver, porém, com o primeiro dia da semana. Dominical vem de *dominus*, que significa "Senhor", ou seja, trata-se de uma oração que não é de autoria de nenhum ser humano, mas nos foi revelada pela boca do próprio Nosso Senhor Jesus Cristo.

Segundo Tertuliano, o Pai-nosso é, na verdade, o resumo de todo o Evangelho. É o que se denomina *ipsissima verba Christi*, as próprias palavras do Cristo. Nele, Jesus revela sua relação com o Pai e, graças ao Batismo, também a nossa: também nós somos filhos do Senhor. Além disso, na estrutura das petições dessa oração, Ele também expõe a ordem e o valor daquilo que devemos pedir. São Mateus, propositadamente, dispõe o Pai-nosso após as Bem-aventuranças, uma vez que só seremos bem-aventurados de fato se, além das bênçãos declaradas, rezarmos e vivenciarmos o Pai-nosso na prática.

Para rezarmos com mais fervor, precisamos saber exatamente qual o sentido do Pai-nosso e o que estamos pleiteando nessa oração. Muitas vezes, ligamos o "piloto automático" e rezamos com frieza, sem saborear a grandeza e a bênção de chamar Deus de Pai.

A esse respeito, conta a tradição que São Francisco fez com seus confrades uma dinâmica de oração que consistia em passar um dia no deserto rezando, mas separados uns dos outros. E, para cada Pai-nosso rezado, era recolhida uma pequena pedra do caminho e colocada no capuz do hábito; ao fim do dia, contavam-se as pedrinhas para saberem quantos Pais-nossos haviam sido pronunciados. Aconteceu que os monges voltaram com muitas pedras, e todos ficaram de olho no capuz de Francisco, na expectativa de saber o quanto ele contabilizara. Quando Francisco retirou apenas uma pedra de seu capuz, todos ficaram admirados e perguntaram se ele não rezara. Francisco então confessou que, ao iniciar a oração e chamar Deus de Pai, não conseguira avançar, passando o dia inteiro meditando sobre a amplitude dessa filiação e sobre a proximidade de um Deus que se deixa chamar de Pai.

APRENDA A POTENCIALIZAR O PODER DO PAI-NOSSO

Já mencionei que o Pai-nosso é composto por sete petições. Na primeira parte — "Pai nosso que estais no céu, santificado seja o vosso nome, venha a nós o vosso reino, seja feita a vossa vontade, assim na terra como no céu" —, nós nos colocamos na presença de Deus Pai para adorá-lo, amá-lo e bendizê-lo. Essa primeira parte é símbolo de louvor, uma declaração de amor.

Por outro lado, a segunda parte — "O pão nosso de cada dia nos dai hoje, perdoai-nos as nossas ofensas assim como nós perdoamos a quem nos tem ofendido, e não nos deixeis cair em tentação, mas livrai-nos do mal" — contém as petições que dizem respeito às nossas necessidades.

Você quer fazer um Cerco de Jericó em sua vida? Quer derrubar as muralhas que o estão impedindo de ter uma intimidade maior com Deus Pai?

Então, a partir deste ponto, aprofunde-se comigo no entendimento da oração do Senhor.

"PAI NOSSO QUE ESTAIS NO CÉU"

A frase inicial, em que chamamos Deus de Pai, já estabelece a presença do Amado. Trata-se do primeiro passo desta e de qualquer oração digna do nome: colocar-se na presença divina.

Não é possível rezar esta oração vocal vendo televisão nem jogando videogame, mas também não é impossível fazê-lo durante a realização de alguma outra atividade, desde que consigamos meditar e sentir as palavras proferidas. Santa Teresa dizia que "Deus passa entre as panelas" quando rezamos fazendo comida, por exemplo, mas isso demanda treinamento, pois não é fácil chegar a tamanho nível de concentração. Temos de ser realistas e admitir que é muito difícil atuar no modo "multifunção", isto é, cumprindo diversas tarefas. Sei que serei criticado por fazer esta observação, mas estou propondo alcançar um estado de meditação em que não se repete simplesmente, mas se "degusta" cada parte da oração.

Quando se reza o Pai-nosso meditando, acabamos por fazer, quase inconscientemente, uma identificação entre nossa relação com Deus e a que temos ou tivemos com nosso pai biológico. É claro que, se o relacionamento com eles foi bom, a aproximação de Deus será facilitada; caso contrário, haverá maior dificuldade. Por isso, sempre peço que a bênção recaia sobre os pais, para que possam ser o melhor exemplo dentro de seus lares. Os pais ajudam a moldar a relação de seus filhos com Deus.

Quem é pai ou quer sê-lo algum dia deve lembrar-se desta correlação. Muitas pessoas precisaram passar por um ministério de cura focado na imagem do próprio pai biológico para conseguir se desbloquear e desenvolver uma experiência filial com Deus. Da mesma forma, sei de muitos casos nos quais os conflitos com pai e mãe se refletem na vida de oração. Certamente, a família tem o papel de atuar como esteio e amparo na vida de seus integrantes, mas também pode gerar traumas. Neste caso, para que se consiga avançar na espiritualidade, se faz necessária a purificação das imagens humanas.

Repito que a palavra "Pai", a primeira a ser proferida nesta oração, faz parte da linguagem do amor. Ninguém a pronuncia com ódio, pelo menos não em um bom relacionamento. Jesus nos ensina a chamar Deus com ternura.

No catecumenato, que corresponde ao período de formação e preparação dos adultos para o recebimento dos sacramentos de iniciação, em uma das etapas a oração do Pai-nosso é entregue impressa aos catecúmenos, aqueles que vão abraçar a fé católica. Trata-se de um rito que confirma o Pai-nosso como exemplo para vida de oração tanto em âmbito pessoal como comunitário; além disso, ratifica a adoção, que permite ao batizado chamar Deus de Pai.

Antigamente, o Pai-nosso não podia ser rezado por quem não era cristão, porque este ainda não havia recebido a adoção filial de Deus pelo sacramento do Batismo. Por isso, aconselho insistentemente aos pais que têm como posição não batizar seus filhos ainda bebês, a fim de esperar que eles escolham se querem ou não receber esse sacramento: não privem seus filhos da graça de se tornarem filhos de Deus desde recém-nascidos!

Um aspecto importantíssimo é que não rezamos "Pai meu", mas "Pai nosso", pois isso nos tira do individualismo. Se temos o mesmo Pai, somos todos irmãos. Ninguém é católico sozinho: precisamos da intercessão uns dos outros. Juntos, formamos a Igreja, um povo de Deus e de irmãos. Muitos acham que rezar em casa já basta, mas essa postura está equivocada. Precisamos nos reunir na participação da Santa Missa, em torno da mesa do altar e da Palavra, e receber Jesus Eucarístico — contanto que estejamos em estado de graça, isto é, sem consciência de pecado mortal. Isso estabelece a comunhão com a Santíssima Trindade e entre nós.

O trecho seguinte, "que estais no céu", automaticamente pode nos levar a imaginar um Deus muito distante de nós. Não! O céu é o lugar onde Deus está: o coração de todo cristão. A presença de Deus não está subordinada a noções humanas de tempo ou espaço. Portanto, não devemos associá-la a um lugar específico. O céu é o encontro de todos os justos que amam a Deus. É o Paraíso que o Pai criou para todos nós e que conta com a sua presença — tanto que o castigo pelo primeiro pecado foi a expulsão e a perda dessa intimidade com Ele.

Para nós, cristãos, o Paraíso não é o Olimpo. Deus está e se faz muito mais próximo do que imaginamos! Ele se encarnou e habitou entre nós!

Passemos agora às petições...

"SANTIFICADO SEJA O VOSSO NOME"

Deus é santo, e santificar o seu santo nome significa colocá-lo acima de tudo e de todos a partir do nosso amor, do nosso comprometimento e das nossas ações. Nada podemos acrescentar a Deus, que é perfeito, mas Ele se torna santo para nós quando faz parte da nossa vida.

Santificado seja o vosso nome na minha casa, no meu trabalho!

Santificado seja o vosso nome em meio às minhas tribulações e alegrias!

Deus é santo e nós estamos em busca da santidade. Por isso, santificamos seu nome pela nossa atuação, em meio à nossa miséria humana, na superação de conflitos, para acabar com as discórdias que estivermos vivenciando dentro e fora de casa.

O nome de Deus, por outro lado, é blasfemado quando praticamos o que vai contra seus mandamentos e os valores do Reino (cf. Rm 2, 24). Por isso, para rezar o Pai-nosso, precisamos mudar nossos costumes, evitar o pecado mortal e termos uma vida um pouco mais santa.

"VENHA A NÓS O VOSSO REINO"

Se o Reino está em nosso meio, por que pedir sua vinda? Bem, aqui estamos falando do Reino definitivo, em que tudo será submetido ao senhorio de Jesus. Trata-se daquilo que é sintetizado pela palavra *maranathá*, a qual tem origem aramaica e significa "Vinde, Senhor Jesus!". Refere-se ao seu retorno, à sua vinda gloriosa no fim dos tempos. Não podemos nos esquecer de que estamos em uma espera ardente pela volta de Jesus Cristo. Por isso, em todas as Missas, quando o sacerdote diz "Eis o mistério da fé", os fiéis respondem: "Anunciamos, Senhor, a vossa morte e proclamamos a vossa ressurreição. Vinde, Senhor Jesus."

Que venha esse Reino de justiça, de alegria e de paz, trazendo a concórdia em nossa sociedade!

Que venha esse Reino para resgatar o valor da família!

Que venha esse Reino para propagar políticas públicas honestas, capazes de vencer as desigualdades!

Que venha esse Reino para que ninguém mais passe fome com tanta comida sobrando em mesas abastadas!

Que venha esse Reino para que não faltem remédios e tratamento para os enfermos!

Perceba que, quando rezamos o Pai-nosso, estamos sendo altamente "revolucionários", pois rejeitamos o modelo do reino corrompido, onde o pecado triunfa.

"SEJA FEITA A VOSSA VONTADE ASSIM NA TERRA COMO NO CÉU"

A vontade de Deus é perfeita, e Ele nos criou para a vida eterna. O próprio Jesus o afirmou: "Esta é a vontade de meu Pai: que todo aquele que vê o Filho e nele crê tenha a vida eterna" (Jo 6, 40). Essa vontade já se cumpriu naqueles que se foram antes de nós e estão na sua glória, cabendo a nós, que ainda peregrinamos nesta terra, pedir que também sejamos agraciados ("assim na terra como no céu").

Que vivamos os seus mandamentos é o que Deus deseja — e para o nosso bem! Por isso, rezar o Pai-nosso nos compromete. No entanto, em nossa existência terrena, vivemos cada vez mais sob a égide do menor sacrifício: ninguém mais está disposto a servir e poucos querem fazer penitência. Na verdade, não queremos nos envolver em projetos que nos deem trabalho. Com isso, até mesmo o "Crescei-vos e multiplicai-vos", uma das mais nobres missões que nos foi confiada por Deus, tem sido muito questionada e até negligenciada. Basta ver as estatísticas e constatar como aumentou o número de casais que não querem ter filhos. Muitos argumentam que não têm tempo disponível nem condições financeiras para sustentarem uma ou mais crianças. Eu garanto, porém, que é de pessoas comprometidas e engajadas que o mundo está precisando, e não apenas com os afazeres do dia a dia: precisamos de gente assim sobretudo com as grandes causas, aquelas que fazem a vida valer a pena, e preservar a instituição familiar desejada por Deus, sem dúvida, é uma delas.

Se não queremos compromisso, como podemos rezar dizendo: "Seja feita a vossa vontade assim na terra como no céu"? Precisamos proferir essas palavras com mais intensidade, a fim de reverter o grande egoísmo instalado na humanidade.

Por isso, luto de todas as formas para não terminar meus dias sem a glória da ressurreição e da vida eterna. Não quero carregar uma cruz inútil em minha vida nem estar fadado ao esquecimento quando o Senhor voltar definitivamente, lamentando que poderia ter feito diferente se tivesse vivido o que rezei no Pai-nosso. E aquilo que não quero para mim também não desejo para nenhum outro ser humano. Então, com a responsabilidade de um pai espiritual cuidadoso com seu rebanho, eu aconselho: seja vigilante e proteja-se contra todas as tentações. Quebre as muralhas que atrapalham e impedem sua conexão com o divino, a fim de evitar o remorso eterno de não ter feito a vontade de Deus nem deixado Ele fazer em ti sua vontade — assim na terra como no céu.

"O PÃO NOSSO DE CADA DIA NOS DAI HOJE"

Aqui, Jesus novamente nos dá uma grande lição, pois essa petição atesta uma profunda confiança no Pai, nesta bondade divina que providencia tudo o que precisamos, tanto material quanto espiritualmente. O Pai é amor, e qual é o pai que nega alimento para seus filhos?

Também identificamos, neste momento, uma das razões pelas quais o Pai-nosso pode ser considerado a oração mais perfeita que rezamos: como sabemos, precisamos de pão, e jamais Deus negaria o necessário para uma pessoa viver com dignidade. Da mesma forma, Ele jamais daria o pão a um filho e o sonegaria a outro. Portanto, se há pessoas que não têm pão, é porque alguém se apropriou da sua porção. A ganância nos leva a acumular aquilo que falta para o irmão, e por isso Jesus nos ensina a pedir pelo "pão nosso de cada dia".

O ensinamento de Jesus é tão profundo que podemos depreender dele um conceito ainda mais abrangente da palavra "pão". Afinal, uma pessoa não vive só de comida: é preciso nutrir-se de amor, carinho, compreensão etc. E ninguém mais do que Deus pode ser essa fonte tão rica de alimentos espirituais. Atualmente, estamos vivendo a pior das desnutrições, que é a escassez de fé. Não admira que haja tanta gente apática, depressiva, doente.

Assim como a Pastoral da Criança lutou e conseguiu ajudar na erradicação da desnutrição e da mortalidade infantil, precisamos nos engajar e fazer surgir uma pastoral da "desnutrição espiritual" capaz de combater esse mal tão devastador em nossas famílias e na sociedade como um todo.

Quando fundei a obra Evangelizar é Preciso, as mulheres foram as primeiras a aderirem. Com o tempo, os homens adultos também seguiram seus passos. Hoje, são os jovens que estão se aproximando, e percebo com preocupação como eles estão fragilizados espiritualmente. Muitos já se veem envolvidos com álcool e drogas; outros manifestam transtorno de depressão e outras síndromes que confesso nunca ter ouvido falar: arrancam os cabelos, mutilam-se, nutrem pensamentos suicidas... Isso é assustador e tem relação direta com o problema crônico da desnutrição espiritual. Todos sabemos que a anemia profunda leva à morte do corpo, e o mesmo vale para o espírito. Quando ele não dispõe mais de alimento apropriado para nutrir-se, morre.

Sou o primeiro a orientar quem está enfermo a tomar corretamente os remédios indicados pela medicina. Assim também, quando a doença acomete o espírito, não podemos vacilar e temos de buscar a ajuda do Médico dos médicos.

Não esqueçamos que as doenças do espírito também se refletem no organismo. Quando alguém me conta que já empenhou todos os bens, o carro e a casa para realizar os exames mais sofisticados, mas ainda assim não conseguiu receber um diagnóstico preciso, lembro-me daquela passagem do Evangelho em que a mulher, não obstante tivesse gastado tudo o que possuía para descobrir sua doença, só piorava. Quando, porém, esteve na presença de Jesus, sua fé a curou, porque aquele encontro nutriu seu espírito (cf. Mc 5, 25-34).

Vocês nunca me ouviram e jamais me ouvirão desmerecer o trabalho dos profissionais da saúde; sempre insisto com aqueles que compartilham comigo seus males para irem ao médico, procurarem apoio de um psicólogo, porque isso também é fé, é acreditar que o Senhor disponibiliza ajuda terrena para nos guiar.

Acostumemo-nos a pedir: "Age, Senhor, na minha vida, na minha necessidade de hoje." Não me refiro ao imediatismo de pensar apenas no aqui e no agora, mas no "hoje" do plano de Deus para nós. "Um dia diante do Senhor é como mil anos, e mil anos como um dia" (2 Pd 3, 8).

Não gastemos energia juntando pão para amanhã ou depois de amanhã. Já vi tantas pessoas carregando cruzes inúteis porque alguém colocou sobre elas o fardo de terem que providenciar um futuro garantido para os filhos... Não está errado querer o melhor para quem amamos, mas o que vem de graça também vai fácil. Muitos não dão o devido valor ao que ganham de lambuja, ou simplesmente não sabem administrar aquilo que receberam. Além disso, há aqueles que, no afã de aumentarem seu patrimônio e o de sua família, acabam praticando ilicitudes, o que é totalmente avesso aos mandamentos de Deus.

Esses são exemplos clássicos do que eu chamo de cruz inútil, percebe? Trata-se de quando se age de forma onipotente, tentando em vão ser maior do que Deus.

Para esta petição sobre as necessidades de hoje, cabe bem o que nos diz o Livro dos Provérbios: "Não me dês nem pobreza nem riqueza, concede-me o pão que me é necessário" (Pr 30, 8).

Apenas para ratificar o que já expliquei antes, recorro a São Tomás de Aquino, segundo quem há dois outros tipos de pão além daquele que serve de alimento para o corpo. Com efeito, são exatamente esses pães pelos quais clamamos na Oração do Senhor: o Pão Sacramental, que recebemos na Eucaristia, e o Pão da Palavra de Deus, que ilumina o caminho e alimenta a alma.

"PERDOAI AS NOSSAS OFENSAS ASSIM COMO NÓS PERDOAMOS A QUEM NOS TEM OFENDIDO"

Esta é uma petição de cura. Diz-nos o Eclesiástico: "Perdoa ao teu próximo o mal que te fez, e teus pecados serão perdoados quando o pedires. Um homem guarda rancor contra outro homem, e pede a Deus a sua cura! Não tem misericórdia para com o seu semelhante, e roga o perdão dos seus pecados!" (Eclo 28, 2-4).

Não se pode separar o perdão que precisamos do perdão que oferecemos. Deus perdoa sempre, e Jesus nos ensina a sermos misericordiosos como o Pai é misericordioso (cf. Lc 6, 36). Esta passagem do Pai-nosso é um convite para imitá-lo, para agir com quem nos ofendeu da mesma maneira como Ele age conosco. Por isso, Jesus emprega o "como", indicando que devemos agir da mesma forma. Ao pronunciá-lo, ele se torna nossa própria condição para o perdão.

Se existe algo que pode ser considerado um obstáculo para a misericórdia, esse algo é um coração fechado, cheio de mágoa, que não está aberto ao perdão. Não se trata de um impeditivo que vem de Deus, pois Ele perdoa sempre que nos arrependemos; por outro lado, não nos força a nada. Certamente, com seu poder infinito, poderia arrombar todas as portas trancadas e entrar, mas não quer. "Eis que estou à porta e bato: se alguém ouvir a minha voz e me abrir a porta, entrarei em sua casa e cearemos, eu com ele e ele comigo" (Ap 3, 20).

O perdão é o ápice da oração cristã, e por isso o coração que perdoa tem maior capacidade de receber o dom da oração e os carismas do Espírito Santo.

"E NÃO NOS DEIXEIS CAIR EM TENTAÇÃO"

Esta petição trata de uma predisposição profundamente enraizada dentro de nós: a chamada concupiscência — em poucas palavras, nossa inclinação a pecar. O que a tentação almeja é nosso consentimento. Nós sabemos que Deus não tenta ninguém (cf. Tg 1, 13). Pelo contrário, o que faz é nos ajudar a não ceder às tentações. E o que pedimos nesta oração é exatamente que não nos deixe seguir pelo caminho do sim ao pecado. Por isso, insisto na intimidade com o Espírito Santo, que nos confere fortaleza e sabedoria para fazermos o que devemos fazer quando Deus nos permite ser tentados e provados.

Só há uma forma de vencer a tentação: fugir dela. Por isso, devemos pedir ao Espírito Santo que desmascare a mentira do diabo, porque ela é sempre aparentemente agradável e prazerosa. Digamos que o pecado vem sempre embalado em um belo e vistoso pacote, a fim de nos ludibriar.

Novamente, trago uma citação de São Tomás de Aquino, cujas declarações são muito assertivas. Cheguei até a mencioná-la no meu livro *Batalha espiritual*. Segundo o Doutor Angélico, quem tenta o homem é a própria carne, o diabo e o mundo. Em primeiro lugar está a carne, que instiga o homem a se deixar levar pelos prazeres físicos que conduzem ao pecado e à negligência dos bens espirituais. Por isso, devemos pedir ao Espírito Santo que nos desperte para a vigilância.

Não é fácil lutar contra a própria carne, como o apóstolo Paulo bem se expressou: "Deleito-me na Lei de Deus, no íntimo do meu ser. Sinto, porém, nos meus membros outra Lei, que luta contra a Lei do meu espírito e me prende à Lei do pecado, que está nos meus membros" (Rm 7, 22-23).

Voltando a São Tomás, uma vez que a carne é dominada, outro inimigo aparece: o diabo, contra quem é enorme nossa luta. Ele age astutamente por meio das tentações, entre elas o desejo despertado pelas riquezas e bens temporais, os quais nos levam a uma cobiça exagerada.

Há alguns meses, circulou um boato segundo o qual o Papa Francisco teria mudado a oração do Pai-nosso. Esse mal-entendido gerou várias críticas ao Santo Padre, mas a verdade é que ele não mudou absolutamente nada, e, sim, apenas aprovou a correção de um erro histórico na tradução para algumas línguas.

Trata-se de uma questão antiga, apontada há mais de oitenta anos, quando a Bíblia de Jerusalém foi traduzida para a versão inglesa e o erro foi detectado. Por causa desse deslize de tradução, nos idiomas inglês, francês e italiano, rezava-se "e não nos induza à tentação". É como se pedíssemos que Deus não nos levasse à tentação, como explicou o Papa: "Um Deus que nos induz em tentação não é uma boa tradução. Os franceses também mudaram o texto, e agora é 'não me deixeis cair na tentação'. Eu é que caio, não é Ele que me joga na tentação para ver como caio; um pai não faz isso, um pai ajuda o filho a se levantar." E ainda: "Não é Deus que induz as tentações, mas Satanás..."

"MAS LIVRAI-NOS DO MAL. AMÉM."

Segundo Santo Agostinho, esta última petição visa combater as diferentes espécies de males: os pecados, doenças, aflições etc.

Todavia, sem rodeios, digo que há nisso um denominador comum. Não se trata de uma influência negativa genérica. O mal a que nos referimos não é algo abstrato, e sim uma criatura que tem nome, codinome e apelido: Satanás, Tentador, Capeta, Cramunhão, Encardido, Fedorento...

O Maligno é quem se coloca na frente dos desígnios de Deus para nos tentar e nos desviar, e disso advêm todas as desgraças que são realmente dignas desse nome. Sua meta é nos tirar da obra de redenção de Cristo. Desde o princípio, ele é assassino, e nele não existe a verdade. É mentiroso e pai da mentira (cf. Jo 8, 22).

O diabo seduz o universo inteiro e sempre quis a derrota de toda a criação. Quer, obviamente, promover nossa perdição! No entanto, quem está em Deus e tem essa *presença amorosa* em sua vida não tem o que temer. "Se Deus é por nós, quem será contra nós?" (Rm 8, 31).

A oração do Pai-nosso nos lembra de que devemos nos revestir do amor de Deus. Ensinada por Nosso Senhor, ela abala o inferno, e certamente Satanás não quer que a rezemos. Sua força torna-se ainda maior por ser finalizada com a palavra "Amém", cujo significado é "Assim seja". Trata-se de uma oportunidade de reafirmar tudo o que pedimos ao Pai.

Por fim, agora que você descobriu o valor desta oração vocal, demonstre todo o seu empenho e dedicação ao rezar o próximo Pai-nosso. De todas as orações, esta é a mais plena de vida e a que mais nos aproxima da grande meta da evolução espiritual. Porque veio diretamente de Deus, é sob medida para derrubar e exterminar toda e qualquer muralha em nosso caminho.

Oração

Pai-nosso

Pai nosso que estais nos céus,
santificado seja o vosso nome,
venha a nós o vosso Reino,
seja feita a vossa vontade
assim na terra como no Céu.
O pão nosso de cada dia nos dai hoje,
perdoai-nos as nossas ofensas
assim como nós perdoamos a quem nos tem ofendido,
e não nos deixeis cair em tentação,
mas livrai-nos do mal.
Amém.

AGORA ESCREVA, EM UM DOS BLOCOS DA MURALHA, MAIS UM
OBSTÁCULO QUE VOCÊ DESEJA DERRUBAR EM SUA VIDA.

CAPÍTULO 8

DERRUBANDO TODAS AS MURALHAS

S e estamos buscando nos aprofundar na vivência da oração e fazer acontecer um Cerco de Jericó em nossa vida, precisamos discernir o que vem de Deus, o que vem do Inimigo e o que vem das circunstâncias. No capítulo anterior já dei uma "pincelada" nesse aspecto, mas percebi que o assunto merece uma explicação mais detalhada.

Há diferentes razões a explicar por que nossas orações não são respondidas imediatamente. Muitas vezes, elas são tentativas de convencer a Deus a respeito de nossas necessidades, que por sua vez correspondem tão somente ao desejo de satisfazer instintos egoístas. Ou seja, gostaríamos que Ele se adaptasse às nossas vontades e ao nosso modo de ver o mundo. Em sua carta, São Tiago faz um alerta sobre isso: "Pedis e não recebeis, porque pedis mal, com o fim de satisfazerdes as vossas paixões" (Tg 4, 3).

Como sabemos, a tentação não vem de Deus, mas tem origem satânica, como narra o Evangelho: "Em seguida, Jesus foi conduzido pelo Espírito ao deserto para ser tentado pelo demônio" (Mt 4, 1). Trata-se do estímulo, da sugestão, do impulso para o mal. Somos testados a todo momento — e não porque sejamos pecadores. Antes, nós nos tornamos pecadores porque sucumbimos à tentação.

Mesmo pessoas muito "elevadas" enfrentam tentações, como é o caso de São Pio de Pietrelcina, que foi muito assediado pelo diabo para que vacilasse e perdesse a fé. Deus permitia essas provações para fortalecer São Pio na decisão de permanecer na verdade, no amor e na missão.

Como expliquei no meu livro *Batalha espiritual*, embora a tentação não venha de Deus, precisa de sua permissão para que aconteça. A dinâmica se dá da seguinte maneira: primeiramente, a tentação se manifesta em nossa mente e, caso venhamos a ceder, torna-se imaginação, sedução e engano. O bicho pega mesmo no estágio seguinte, no qual podemos dar nosso aceite e partir para a ação, a qual pode ser praticada, como rezamos no ato penitencial, "por pensamentos, palavras, atos e omissões".

Por outro lado, quanto mais profundo for o nosso arrependimento, maior será a misericórdia de Deus: "Filhinhos meus, isto vos escrevo para que não pequeis. Mas, se alguém pecar, temos um intercessor junto ao Pai, Jesus Cristo, o Justo" (1 Jo 2, 1).

ENTENDA A PEDAGOGIA DE DEUS

Muitas vezes, o sofrimento vem para aumentar a nossa fé. Apesar de não gostarmos de passar por provações, elas são oportunidades de crescimento espiritual, purificação e florescimento da santidade, e por isso são permitidas pelo Pai.

Deus não age assim porque não nos conhece ou porque deseja nos rechaçar, mas para revelar em nós nossa fraqueza e o quanto somos necessitados do seu amor. Somente com Ele ao nosso lado encontramos a força necessária para lutar e sermos vencedores.

Existe uma tabela simples, não feita por mim, que nos ajuda a comparar as diferenças entre tentação e provação:

TENTAÇÃO	PROVAÇÃO
Visa à concretização do mal	Visa ao fortalecimento do bem
Visa à derrota	Visa à vitória
Leva ao pecado	Conduz à santificação
Estimula os prazeres da carne	Fortalece o espírito
Diabo atua	Deus age
Afasta de Deus	Aproxima do Pai
Leva a um mundo de ilusões	Conscientiza sobre quem somos e o que fazemos
Aprisiona	Liberta
Possui sabor doce	Tem gosto amargo
Engana	Revela a verdade
Relaciona-se com nossa escolha	Recebemos de maneira passiva
Desperta em nós autossuficiência e soberba	Faz reconhecer nossa dependência de Deus e favorece a interdependência dos irmãos
Impede o discipulado	Faz seguir Jesus

Essas características que se evidenciam ao compararmos a tentação e a provação sugerem a metáfora de um espelho que reflete a condição humana, o tempo todo marcada por condutas inversas, para o bem e para o mal.

Você pode se perguntar: "Mas 'por que' e 'para que' Deus está permitindo que isso aconteça em minha vida?"

Antes de mais nada, é preciso ter claro que todos nós somos tentados a todo instante. Para resistir a isso, precisamos buscar a força n'Aquele que foi tentado mas resistiu: Jesus Cristo.

Jesus não precisava passar pelo deserto, não precisava de jejum nem de penitência, mas fez tudo isso por solidariedade a nós, humanos.

Santa Teresa d'Ávila dizia que é preciso determinação para progredir na fé. Também acrescento a necessidade da disciplina e reforço que essas duas qualidades são imprescindíveis para o crescimento da vida interior. Caso contrário, começamos nossa jornada e a abandonamos.

Em uma escala progressiva, podemos afirmar que a primeira grande vitória de Jesus no deserto foi sobre o mundo. A segunda foi o domínio da carne, assolada pelas paixões. A terceira e mais importante foi o combate por meio da fé, em que venceu o diabo.

Recentemente, durante a celebração de uma Missa, perguntei quem já havia sido tentado, ao que as pessoas baixaram a cabeça como se tivessem vergonha ou culpa por sofrerem tentações. Na verdade, isso não ocorre porque nós queremos, mas porque o diabo é esperto e procura nos fazer cair de acordo com nossas fraquezas (cf. Tg 1, 14).

Vale lembrar também que há diferença entre ser tentado e cair na tentação. Nós pecamos quando tomamos a decisão de ceder àquilo que nos tenta. Por isso, é fundamental irmos ao encontro de nós mesmos, em nosso deserto interior, para compreendermos e enfrentarmos nossos próprios demônios.

Quando, por sua vez, vêm as provações, experimentamos períodos de sofrimento, adversidades e dificuldades. Elas sobrevêm sem esperarmos e põem à prova nossa esperança e nossa fé.

São Paulo escreveu: "Não só isso, mas nos gloriamos até das tribulações. Pois sabemos que a tribulação produz a paciência, a paciência prova a fidelidade e a fidelidade, comprovada, produz a esperança. E a esperança não engana. Porque o amor de Deus foi derramado em nossos corações pelo Espírito Santo que nos foi dado" (Rm 5, 3-5).

Uma provação é vencida por meio da fé e da perseverança. Sem temer o que está por vir, acreditamos que Jesus é maior do que qualquer dificuldade.

O que nos mantém firmes na esperança é a passagem vitoriosa de Nosso Senhor pela Cruz, em que venceu as dores, as humilhações, as acusações e, acima de tudo, as penas de toda a humanidade. Diante disso, não temos o direito de desistir em razão das dificuldades que nos são impostas.

A sabedoria da Cruz torna-se resposta fundamental ao desafio humano de compreender a dor e o sofrimento. Quando o sofrimento humano encontra a Cruz de Cristo, o homem deixa de ser um fim em si mesmo, e surge a esperança.

Muitas vezes, embora clamemos, parece que Deus se cala. No entanto, o silêncio de Deus não é ausência de Deus; pelo contrário, Ele sofre junto conosco. Para ser mais didático, costumo fazer uma comparação com as situações em que alguém próximo está passando por um grande sofrimento — como uma doença grave ou até a perda de um ente querido — e nos solidarizamos com a dor dessa pessoa sem dizer nada, apenas abraçando e ficando em silêncio. Essa atitude não denota ausência de nossa parte, mas uma proximidade que vai muito além das palavras.

Acima de tudo, portanto, o silêncio de Deus não é desleixo, mas uma presença solidária!

O próprio Jesus experimentou esse silêncio na Cruz, sabendo, porém, que o Pai não estava ausente em momento algum. Prova disso é que Nosso Senhor, no instante derradeiro de sua morte, dirigiu-se ao Céu com confiança e disse: "Pai, nas tuas mãos entrego o meu espírito" (Lc 23, 46).

Em Jesus, expressão máxima do amor de Deus, conseguimos redimensionar a experiência dolorosa do sofrimento e saímos vitoriosos.

A entrega, o esvaziamento do mundo para preencher-se de Deus e o caminho da Cruz constituem a pedagogia das provações e tribulações. Por isso, elas não devem ser vistas como castigo ou mero empecilho que nos atrapalha no discipulado. Na sabedoria divina, provações e tribulações fazem parte da purificação e da santificação.

TRANSFORME SEU CARVÃO EM DIAMANTE

Um verdadeiro discípulo passa por um processo de purificação que podemos comparar à transformação de um pedaço de carvão bruto na mais preciosa das pedras: o diamante. O discípulo deve ser lapidado pelo maior de todos os químicos, que é Deus. O grande problema é que nos consideramos mestres antes de discípulos, e por isso reagimos de maneira refratária quanto a sermos trabalhados pelo Senhor.

Se estamos na escola de Jesus, aprendendo com Ele, as provações, tribulações e contrariedades aparecem para nos firmar no caminho.

Quanto a isso, precisamos ser sinceros e admitir que, às vezes, rezamos não para ter intimidade com Deus, mas para sermos "blindados" contra o sofrimento. Mas quem nos colocou na cabeça que sofrer não faz parte do discipulado e é algo necessariamente negativo?

Não que se deve gostar de sofrer, é claro. Isso seria sintoma de masoquismo e exigiria tratamento. Todavia, é preciso entender que o sofrimento nos ajuda quando damos um sentido a ele. Ou melhor, quando descobrimos que ele tem um sentido que nos é iluminado pelo Pai. Basta nos voltarmos para o desprendimento de Jesus na Cruz. Parece uma loucura, mas na verdade trata-se da sabedoria que vem da provação.

Gostemos ou não, o sofrimento faz parte da vida e se manifesta sem nosso consentimento. Isto é um mistério para nós, o que quase sempre nos leva a questionar o plano de amor de Deus para o ser humano. Porém, não podemos nos esquecer que o Pai é o Sumo Bem, e não é d'Ele que emana a dor e o sofrimento. Certamente, se Deus não fosse associado à figura de um Pai vingativo, que gosta de maltratar Seus filhos, poderíamos entender melhor a causa dos infortúnios que nos atingem.

Pode parecer cruel o que vou dizer, mas a realidade é esta mesma: muitos rezam pedindo a cura de uma doença, mas talvez não sejam curados. Uma realidade imutável é que a morte é algo inerente à condição humana. Portanto, em muitos casos em que a cura não ocorre, vem o questionamento: "Onde está Deus?"

Para compreendermos melhor os desígnios divinos, é preciso questionar nossa própria noção de cura, que se limita ao aspecto material desse processo, ou seja, ao corpo físico ou aos distúrbios de ordem psicológica. Mas e quanto ao espírito? Esta é a seara de Deus por excelência, e talvez devamos pedir para termos saúde, ainda que seja em um corpo doente, por assim dizer.

Atenção: isso não é um mero jogo de palavras para justificar a dor e o sofrimento de quem adoece e morre. Não. Nosso imediatismo não nos deixa enxergar além da ideia de saúde como algo meramente mecânico ou orgânico. Tanto isso é verdade que um paciente de hemodiálise, obrigado a se submeter a três longas e dolorosas sessões de tratamento por semana, pode encarar essa prescrição tanto como um fardo quanto como uma oportunidade de desfrutar de uma "segunda vida" por mais algum tempo. Estamos tratando aqui da saúde da alma, e esta pode se manifestar mesmo em um corpo enfermo e esbagaçado.

As provações estão a nosso favor, e não contra nós. Por isso o sofrimento faz parte dessa sábia pedagogia de Jesus, que deseja purificar nosso coração e nos fazer depositários e propagadores do seu amor.

ACEITE A PODA DE DEUS E FLORESÇA

As provações nos tiram do mundo e nos elevam a Deus. Afinal, todos aqueles que vivem sob a lógica do desejo e do prazer estão muito satisfeitos com sua vida e raramente se lembram do Senhor, mas, ao se depararem com alguma provação, no mesmo instante se voltam ao Pai lembrando que por Ele nunca serão desprezados.

De novo: nas provações, o Senhor nos tira do mundo e nos chama para junto de si, a fim de nos instruir e curar nossas feridas interiores.

Jesus disse: "Eu sou a videira verdadeira, e meu Pai é o agricultor. Todo ramo que não der fruto em mim, ele o cortará, e podará todo o que der fruto, para que produza mais fruto" (Jo 15, 1-2). Nós podamos uma planta para que ela brote com maior vigor e produza mais. Feita a poda, os galhos surgem na primavera e carregam-se de frutos durante a próxima florada.

Lembremos que a poda de uma árvore frutífera ou de uma roseira, por exemplo, não se limita a algo superficial e periférico, como simplesmente retirar as folhas. Poda-se cortando os galhos e, por vezes, chegando quase à estrutura da planta. Não é raro, durante o inverno, visualizarmos apenas um tronco desprovido de beleza, que aparenta um "estado terminal". Na nossa vida, as podas de Deus também não são indolores e superficiais. Em vista de um renascimento, elas têm de ser profundas e fazer sangrar, provocando feridas momentâneas. Mas o mesmo Deus que fere faz o curativo e nos cura. Você aceita a poda de Deus?

Entendamos que Deus nos ama, que conhece nossa capacidade de produção ao longo da vida e que faz de tudo para potencializá-la. Portanto, a provação nada mais é do que uma poda de Deus.

Vocês podem achar que estou sendo muito rigoroso, mas não faz meu estilo ficar "dourando a pílula", como se diz por aí: nós somos, sim, muito covardes, medrosos e nada perseverantes. Queremos uma vida fácil, com ausência de dor, e por isso nos esquivamos da poda necessária. A provação e a tribulação são lados dolorosos da economia salvífica de Deus.

Embora pareça que estaremos a caminho do matadouro, acredite em mim, não é nada disso. Trata-se de um processo em que contamos com a sabedoria divina para podermos atravessar com dignidade e sairmos fortalecidos. Basta encará-lo de frente e por etapas.

Comece identificando quais tribulações ou muralhas estão atravancando sua passagem, seja no campo afetivo, seja na vida profissional, seja em sua relação com familiares, seja nos demais campos da vida. A importância de identificar esses fatos é muito grande, pois, ao colocá-los no seu devido lugar, podemos buscar as respectivas soluções.

Lembre-se de que, ao seguirmos a pé por uma estrada, qualquer que seja ela, encontramos muitas pedras (problemas, obstáculos, barreiras etc.). Se conseguíssemos juntá-las, teríamos, no mínimo, a possibilidade de realizar dois tipos de construção: um muro que isola, atrapalha e impede de avançar, como essas muralhas que nos cercam, ou uma ponte que permite transpor barreiras e permite ir mais longe.

Tomemos como exemplo o casamento. Se há problemas nessa área, encare-os e comece o diálogo: "Meu marido ou minha mulher (chamando pelo nome, é claro), nós estamos passando por uma provação em nosso matrimônio." Assim mesmo, sem rodeios, apenas expondo a verdade. Parece simples e óbvio, mas não é. Em geral, ninguém toma a dianteira e faz o primeiro gesto para destravar, e desse modo tudo permanece como está, cada um guardando suas mágoas para si e escondendo os problemas embaixo do tapete, o que acaba em distanciamento, ressentimento, adultério e até a ruptura do relacionamento.

Não se trata de exagero nem de terrorismo de padre: uma mulher e um homem mal-amados, que não têm Deus no coração, são alvos fáceis da tentação do adultério. Alguém pode pensar: "Lá vem o padre novamente falar sobre casamento sem nunca ter vivido essa realidade na sua vida." E a minha resposta está na ponta da língua: sem Deus em nossa vida, todos ficamos fracos e perdemos o rumo. Não importa a realidade de cada um. Este é um fato decisivo. Portanto, se nós padres não tivermos uma profunda vida de oração, não celebrarmos Missas, não dobrarmos os joelhos, não vivermos a castidade, nos enfraquecemos e acabamos traindo nosso ministério, o que é tão grave quanto o adultério.

Se a tribulação for o desemprego, um problema muito recorrente no Brasil de hoje, a solução a ser buscada também ficará entre construir um muro, isolar-se e se desesperar, ou erguer uma nova ponte. Sei que não é fácil, pois tenho testemunhado a aflição de pessoas que, ao deixarem o emprego, sentem-se perdendo a dignidade e a própria identidade, a ponto de preferirem estar doentes. Neste caso, manter-se vinculado a Deus significa muito mais do que obter ajuda para pagar as contas! Consiste em manter a serenidade para esperar o momento certo de derrubar essa muralha, como fizeram Josué e seus companheiros. Você se lembra da história de Jericó que contei nos capítulos anteriores? Pois bem, por maior que pareça, amanhã essa muralha será derrubada e não estará mais lá para impedi-lo de encontrar um novo trabalho.

Repita, então, para si mesmo: "Eu não estou sozinho diante dessa muralha. Deus está comigo. O Senhor é meu pastor e nada me faltará!" Isso faz toda a diferença. Como disse Santo Agostinho: "Ainda singramos o mar, mas já lançamos em terra a âncora da esperança."

A decisão é sua. Compreenda que não é hora de voltar para trás.

São Pio de Pietrelcina foi um homem cuja história de vida tem muito a nos ensinar sobre a tentação, a provação e a tribulação. Fustigado — até fisicamente — pelo diabo, ele foi perseguido, sofreu todo tipo de acusações e calúnias. Acusado de utilizar ácido para provocar os estigmas de Jesus em seu corpo, foi proibido de rezar publicamente a Santa Missa. No entanto, a tudo aceitou com humildade e resignação. Ao longo de cinquenta anos, aguentou o sangramento e as dores nas mãos, o que o fazia usar luvas. Não obstante, jamais se lamentou; ao contrário, embora acatasse as determinações impostas, intensificou sua vida de oração, e quem tinha a graça de se aproximar dele saía aliviado de suas misérias.

Por isso, São Pio é o intercessor da obra Evangelizar é Preciso. Eu o escolhi para que ao menos uma fagulha das suas virtudes e da sua santidade se manifestem em meu sacerdócio e em toda a nossa missão de evangelização. É com imensa alegria que constato muitos de meus irmãos fazendo um caminho tão bonito em direção a Deus, renunciando ou abrindo mão de muitos privilégios em nome de uma causa maior.

Em tantos anos de missão, também é comum ouvir: "Padre, eu tinha uma vida torta e estou em processo de conversão, mas parece que, quanto mais me aproximo de Deus, mais difícil fica." A provação é assim mesmo, meus amigos, e o diabo adora que fiquemos dando voltas nesse tipo de pensamento. Digo a cada um, porém: tenhamos certeza de que o amor de Deus é maior. Quer alguém mais próximo de Deus que Jesus, que é "consubstancial ao Pai", como rezamos no Credo? Ainda assim, Ele experienciou a maior cruz de todas.

Portanto, nada de cruzar os braços e esperar sentado a provação passar e a muralha cair. Ainda que seja o caso de aguardar pelo momento certo de derrubá-la, como vimos no Cerco de Jericó, precisamos empreender uma espera ativa de crescimento e confiança em Deus. Se soubermos passar pelas provações de joelhos dobrados em oração, colheremos o fruto de uma fé transformada, como numa tempestade que é inevitavelmente sucedida pela bonança.

A fé nos ensina que, mesmo nas maiores tribulações, a graça está em curso. Então, a questão não é não ter problemas, e sim ter fé e crer plenamente na promessa feita por Jesus de que estará sempre conosco, até o fim.

O Cerco de Jericó nos ajuda muito — não, porém, a obter algo egoísta de Deus, mas a tomar posse daquilo que já é uma promessa para nós e, por isso mesmo, se faz plenamente concretizável.

Oração

A São Miguel Arcanjo

Tu, príncipe dos exércitos celestes,
vencedor do dragão infernal,
recebeste de Deus força e poder
para aniquilar, pela humildade,
a soberba do príncipe das trevas.
Insistentemente te suplicamos que nos alcances de Deus
a verdadeira humildade de coração,
uma fidelidade inabalável no cumprimento contínuo
de sua vontade e uma grande fortaleza
no sofrimento e na penúria.
Ao comparecermos perante o tribunal de Deus,
socorre-nos para que não desfaleçamos.
Amém.

AGORA ESCREVA, EM UM DOS BLOCOS DA MURALHA, MAIS UM
OBSTÁCULO QUE VOCÊ DESEJA DERRUBAR EM SUA VIDA.

CAPÍTULO 9

REERGUER-SE COM MARIA

Nossa Senhora é nossa advogada nas causas difíceis, que são sempre muitas. Por isso, nós a chamamos de "advogada nossa" na oração Salve-rainha.

Maria, como nos diz a Santa Igreja, está na presença do Filho, Jesus, de corpo e alma, intercedendo constantemente em nosso favor para que o Senhor use sempre de misericórdia para conosco.

Ela também é, sem dúvida, modelo de oração recolhida e vigilante. Por sua Imaculada Conceição, isto é, por ter sido, desde sua concepção, preservada da mancha do pecado original, Maria foi imunizada em relação a tudo aquilo de que padecemos, de modo especial as paixões desordenadas e os apegos às coisas do mundo. Ela foi preparada para ser a Mãe do Filho de Deus, como nos ensina o Catecismo (cf. *Catecismo da Igreja Católica*, 489).

Encontramos alguns trechos do Antigo Testamento em que Deus fala pelos profetas sobre o plano de salvação para seu povo, referindo-se sobretudo a seu Filho, que fará uma nova e eterna Aliança com toda a humanidade. No texto do Livro de Sofonias, Maria simboliza a Filha de Sião, a nova Arca da Aliança (*cf. Sf 3, 14-18*; Mq 5, 1-4). Podemos também considerar a profecia de Isaías uma profecia mariana: "Por isso, o próprio Senhor vos dará um sinal: uma virgem conceberá e dará à luz um filho, e o chamará 'Deus Conosco'" (Is 7, 14).

Muitos podem pensar: "Mas, se Maria foi preparada, onde ficou seu livre-arbítrio?"

Justamente por não ter inclinação ao pecado, Maria teve a plenitude da liberdade de escolha. Isto torna o "sim" de Maria a prova de sua liberdade, confiança e fé nos desígnios de Deus.

Exatamente pelos méritos de Cristo, Maria foi chamada, escolhida por Deus para ser totalmente d'Ele, e ela o aceitou prontamente. Por isso, em nossa busca do discipulado de Jesus, é de grande valia espiritual a devoção a Nossa Senhora. Buscar seguir seu exemplo e suas virtudes equivale a um *upgrade*, para usarmos uma linguagem moderna, rumo à nossa salvação.

Quando criança — há uma devoção denominada Nossa Senhora Menina —, Maria foi apresentada no templo por seus pais, Joaquim e Ana, significando que ela pertencia ao Senhor. Do ponto de vista da espiritualidade, defendo que todos os pais façam o mesmo: como os tutores que são de seus filhos neste mundo, devem consagrá-los ao Criador. Esse gesto irá ajudá-los no enfrentamento de todas as provações e dificuldades, sobretudo aquelas que vêm diretamente do Inimigo. Por isso, é muito salutar e importante que aprendam com Joaquim e Ana e façam a apresentação dos filhos a Deus. Pode-se dizer:

Senhor, obrigado pelo filho que me deste.
Eu o entrego a ti,
Para que cuide dele, zele por ele, tome-o como teu,
e para que esta criança não se perca.

Segundo algumas fontes, ainda muito pequena, com aproximadamente três anos, Maria foi iniciada no serviço do templo de Jerusalém, ou seja, passou a viver e a entender o mundo pela perspectiva da espiritualidade. Lá permaneceu até completar doze, treze anos — não se sabe exatamente a idade. Depois disso, se comprometeu em casamento com José. Sem dúvida, ela assumiu grandes responsabilidades ainda muito jovem, e talvez por isso, muitas vezes, suas atitudes levam alguns à superficial interpretação de que Maria teve uma conduta sisuda demais. Porém, não podemos nos esquecer de que ela fora ungida pelo Espírito Santo e, tendo aceitado o convite da graça, com seu "sim" tornou-se modelo de quem faz a vontade do Pai. É sob essa perspectiva que devemos sempre olhar para as ações de Maria. Ela é símbolo da comunidade totalmente comprometida com o plano da salvação. Não à toa, São Luís Maria Grignon de Montfort disse que "Deus juntou todas as águas e deu nome de mar; juntou todas as graças e deu o nome de Maria".

Por outro lado, lembremos que, na Anunciação, o Anjo disse: "Não temas" (Lc 1, 30). Desse modo, podemos inferir que, de alguma forma, a jovem Maria se mostrou receosa diante de tamanha responsabilidade, algo perfeitamente compreensível em se tratando de uma criatura. Isso não denigre a imagem da Mãe, mas a faz humana, como de fato era. O medo é inerente ao ser humano, mas aquele que tem fé é capaz de enfrentá-lo sem vacilar. E ninguém mostrou-se mais pronta do que a Virgem: "Eis aqui a serva do Senhor. Faça-se em mim segundo a tua palavra" (Lc 1, 38).

ASSIM COMO MARIA, LEVE SEMPRE JESUS COM VOCÊ

Mulher do povo, Maria logo entendeu a grandiosidade de sua missão. Isso foi confirmado por sua prima Isabel tão logo recebeu a visita da Virgem. Nesse encontro, Maria foi exaltada não por sua importância como criatura, mas em razão d'Aquele que trazia dentro do ventre, Jesus. Tratou-se de uma troca de experiências muito valiosa entre duas agraciadas que entendiam as maravilhas de Deus. Não por acaso, o *Magnificat* se inicia com Maria expressando-se na primeira pessoa do singular, mas logo passa às realizações de Deus na história da humanidade.

Nós também somos chamados a levar Jesus por onde formos e a quem encontrarmos no caminho. Assim como Isabel o fez ao ver Maria, as pessoas têm de perceber em nós a presença do Senhor.

Esposa orante, humilde e obediente, durante a apresentação do Menino Jesus no Templo Maria se sujeitou ao processo de purificação imposto pela Lei Mosaica, muito embora o mistério da concepção e do parto virginal a preservasse de toda e qualquer impureza. Foi pela fé e pela confiança em Deus que se manteve firme quando ouviu do velho Simeão a profecia que mãe nenhuma suportaria ouvir com resignação: "Eis que este menino está destinado a ser uma causa de queda e de soerguimento para muitos homens em Israel, e a ser um sinal que provocará contradições, a fim de serem revelados os pensamentos de muitos corações. E uma espada transpassará a tua alma" (Lc 2, 34-35).

Silenciosa, Maria seguiu confiante no exílio, afastada da sua pátria, mas não longe de Deus. Como dona de casa dedicada e persistente na oração, cumpriu a missão de esposa e mãe para com José e o Menino Jesus. Tal como José, pai adotivo, também ensinou a Jesus tudo o que sabia.

Eu sei. Muitos podem pensar: "Como é possível alguém ensinar alguma coisa a Deus?" Precisamos, porém, entender que Jesus assumiu verdadeiramente a condição humana em todos os aspectos, exceto no pecado, e, como toda criança, assimilou de seus pais lições sobre as mais diversas searas da vida.

Diante do desaparecimento do filho, Jesus, já adolescente, Maria ficou aflita, indagou, correu atrás d'Ele até encontrá-Lo e, quando finalmente conseguiu, emocionou-se e suavemente O corrigiu: "Meu filho, que nos fizeste?! Eis que teu pai e eu andávamos à tua procura, cheios de aflição" (Lc 2, 48).

Há, ainda, uma outra dimensão da vida de Maria que raramente abordamos: a viuvez. Ela teve de se adaptar a essa nova realidade, sem o apoio de José, justamente quando Jesus já se encontrava na sua missão. Deve ter sido um peso e tanto seguir em frente, como é para todas as mulheres que perdem seus companheiros, principalmente quando foram agraciadas com um relacionamento de cumplicidade, parceria, amizade e carinho. Por isso, sempre recomendo a quem se encontra nesse momento difícil a iniciativa de pedir a Nossa Senhora que ajude a superar a perda e a curar o coração. Ela conhece bem o vazio deixado pelo companheiro de todas as horas e nos ensina a prosseguir.

Incansável, Nossa Senhora continua intercedendo por todos nós como fez nas bodas de Caná, quando, a seu pedido, Jesus converteu a água em vinho e abriu o coração dos discípulos à fé (cf. Jo 2, 1-11).

E há ainda muito mais a ser lembrado.

Cheia de fé, aos pés da Cruz, Maria sepultou seu Filho. As mães que passam por isso são unânimes em afirmar que essa é a maior de todas as dores — é como se um pedaço do coração lhes fosse arrancado do peito. Certamente a vida continua, e a entrega daquele filho perdido a Deus ameniza o sofrimento, pois a certeza de que estão na presença do Pai será sempre um alento. Modelo de oração e de perseverança nos momentos mais difíceis, em que as respostas não chegam e a consolação não vem, Maria é a Senhora das Dores que se solidariza com todas essas mães.

Quero compartilhar aqui que ganhei de presente uma imagem de Nossa Senhora com um título até então desconhecido por mim: Mãe de Pentecostes. Embora fosse a discípula plena do Espírito Santo, Maria esteve com os Apóstolos em oração, no Cenáculo, à espera do cumprimento da promessa da vinda do Espírito Consolador, a qual se realizou no Pentecostes, quando da efusão do Espírito Santo e do início da missão evangelizadora da Igreja. Maria não poderia estar fora desse acontecimento: não se imagina a Igreja sem Maria. Diz o Catecismo: "Ao final desta missão do Espírito, Maria torna-se a 'Mulher', nova Eva, 'Mãe dos viventes', Mãe do 'Cristo total'. É nesta qualidade que ela está presente com os Doze, 'com um só coração, assíduos à oração' (At 1, 14), na aurora dos 'últimos tempos' que o Espírito vai inaugurar na manhã de Pentecostes, com a manifestação da Igreja" (*Catecismo da Igreja Católica*, 726).

Exemplo e mestra da comunidade, Maria não poderia ter outro destino que não o de ser elevada aos céus. Trata-se de um dogma da Igreja Católica, isto é, de uma verdade de fé absoluta, definitiva, infalível, irrevogável e inquestionável revelada por Deus, seja por meio das Sagradas Escrituras, seja por meio da Sagrada Tradição. Um dos fundamentos da assunção de Maria está no Livro do Apocalipse: "Apareceu em seguida um grande sinal no céu: uma Mulher revestida do sol, a lua debaixo dos seus pés e na cabeça uma coroa de doze estrelas" (Ap 12, 1). Se o Senhor não deixaria apodrecer na sepultura seus santos (cf. At 2, 27), imaginem sua própria carne! Maria, a Serva fiel, a corredentora na obra da salvação, mereceu a glória celeste ao lado do filho. Diz o Catecismo da Igreja Católica: "A Assunção da Santíssima Virgem constitui uma participação singular na Ressurreição do seu Filho e uma antecipação da Ressurreição dos demais cristãos" (*Catecismo da Igreja Católica*, 966).

Fiz esse preâmbulo sobre Maria para nos desprendermos daquela imagem romantizada de uma mulher sem marcas, intocada pelas agruras da vida. Muito pelo contrário: Maria não foi uma mulher "purpurina" e muito menos "água com açúcar". Viveu no mundo terreno e, como tal, experimentou emoções, problemas, perdas e inúmeras provações.

NOSSA SENHORA, A PROTETORA DA CONQUISTA

Se você deseja derrubar as muralhas que atravancam sua vida, Maria tem muito a lhe ensinar. Para começar, ela espera de nós uma escuta maior da Palavra e dos apelos do Senhor, isto é, uma abertura à ação do Espírito Santo. Temos de ser ouvintes, meditar e rezar a Palavra de Deus. Sem ter a Bíblia em uma das mãos, o terço na outra e a Eucaristia no coração, ninguém pode dizer que é devoto de Nossa Senhora. Se não for assim, perderemos nossa identidade e seremos como latas vazias fazendo barulho, nada mais.

Maria não teve muitos momentos de consolação. É possível contar nos dedos essas ocasiões! Portanto, buscar apenas esse tipo de compensação ao rezar é sinal de imaturidade espiritual. Ter fé é, antes de tudo, confiar na promessa de Deus de que Ele nunca faltará e agir com decisão. No entanto, infelizmente, muitos que se dizem católicos estão se afastando da vida religiosa sob o pretexto da falta de grandes emoções.

Nossa Senhora tinha um lado emotivo, sem dúvida, mas também guiava-se pela razão, mostrando-se extremamente decidida a ir até o fim, isto é, a passar pela Cruz e chegar até a Ressurreição. Era disponível e fiel ao modelo católico de oração, e quem não faz o mesmo não pode se considerar católico.

Se Maria, que é imaculada, preservada do pecado original, mediadora, corredentora, teve de rezar, imagine como a prática da oração não é necessária para nós!

Santa Teresinha compreendeu perfeitamente o quanto Maria é intercessora e reza conosco e por nós. Ela dizia: "Minhas orações não são boas diante de Deus. Porém, se forem apresentadas por Nossa Senhora, ela retificará minhas preces imperfeitas e as tornará perfeitas." Por isso, rezemos todos com Maria a Jesus.

Reforço que o modo de a Virgem viver neste mundo evidencia o retrato de uma mulher que pertencia totalmente a Deus; ela ouvia, meditava, praticava e mergulhava nas Sagradas Escrituras. Via os fatos da vida pela perspectiva divina, embora nem sempre entendesse os desígnios do Pai. Por isso, sejam bem-vindos ao "time" aqueles que nem sempre entendem a vida, mas meditam segundo a vontade de Deus.

A Cheia de Graça, como disse o Arcanjo, buscou a Luz. E não pensemos que ela tivesse clarividência. Não. Ela não entendia com toda a clareza do mundo os fatos que aconteciam na sua vida e na de seu Filho, mas em nenhum momento reclamava ou se revoltava. Ao contrário, com paciência, "guardava tudo em seu coração". Essa conduta também indica que Maria estava sujeita às limitações de sua própria humanidade. Mas, diante do que não compreendia, ela mergulhava em oração e buscava esclarecer as dúvidas com base nos ensinamentos divinos. Buscava a Luz em uma vida de escuta de Deus. Discreta e silenciosa, Maria nos inspira a não falarmos sem necessidade e a não partilharmos a vida com quem é incapaz de proferir uma palavra de sabedoria. Ensina a nos aquietarmos e a nos aconselharmos com Deus.

Por isso, pare de buscar apoio ou sugestões de conduta na rede social ou via WhatsApp, que são ambientes propícios à proliferação de muita falsidade, incluindo as tais *fake news* de que a imprensa tanto alerta. Trata-se de um mundo de aparências, que tenta a todo custo ocultar a verdadeira essência humana, até nos aspectos mais triviais, como aqueles vídeos de maquiagem em que uma mulher jovem acorda, lava o rosto, maquia-se e vai tomar café fazendo pose, como se estivesse realmente iniciando o dia naquele momento. Sabemos que todo mundo acorda com os cabelos desgrenhados e os olhos inchados, sem contar o "bafo de onça". Portanto, tudo não passa de armação para atrair os incautos a acreditarem em uma ilusão.

O ilusionismo é uma arte do diabo, e não é utilizando máscaras que iremos nos apresentar diante de Deus. Deixemos de lado tantas frivolidades e cultivemos mais o nosso "eu verdadeiro", pois é dessa forma que nos aproximamos do Senhor.

O TERÇO MARIANO

Essa forma de oração foi desenvolvida em 1214 por São Domingos de Gusmão. Consiste em meditar sobre vários acontecimentos da vida de Jesus, os chamados de Mistérios da Salvação, em união com Maria Santíssima.

O Terço era composto de três mistérios: (1) os gozosos, que compreendem os fatos do nascimento do Salvador, bem como a perda e o encontro do Menino Jesus; (2) os dolorosos, referentes à agonia do Senhor no Getsêmani, à sua crucificação e sua morte; e os (3) gloriosos, que vão da Ressurreição à coroação de Nossa Senhora.

São João Paulo II, enquanto refletia sobre esses mistérios, observou que havia uma "lacuna" quanto aos fatos da vida pública de Jesus. Assim, em 2002, instituiu os mistérios da luz ou luminosos, que vão do batismo até a instituição da Eucaristia. A respeito do Terço, São João Paulo II declarou ainda: "O Terço é minha oração preferida, uma oração maravilhosa, em sua simplicidade e profundidade."

Em cada mistério, medita-se sobre cinco passagens da vida de Jesus, recitando-se também um Pai-nosso e dez Ave-Marias. Denomina-se Santo Rosário quando são rezados os quatro mistérios, cada um deles composto de cinquenta Ave-Marias, o que totaliza duzentas orações.

Segundo a tradição católica, o nome Rosário surgiu porque cada Ave-Maria rezada é como uma rosa que entregamos a Nossa Senhora, completando, ao final, um lindo buquê ofertado à Virgem Mãe. Quanto ao Terço, a palavra em si já diz tudo: trata-se de uma das três partes que compunham o Rosário. Embora hoje em dia tenhamos quatro partes, continuamos a utilizar carinhosamente essa denominação.

Em sua aparição na cidade de Fátima, Nossa Senhora recomendou: "Rezem o Terço todos os dias, para alcançarem a paz para o mundo e o fim da guerra." E, para que todos possamos rezar "de boa", como dizem os jovens, sem reclamar da falta de tempo, propõe-se a divisão das etapas ao longo dos dias da semana: os mistérios gozosos às segundas-feiras e sábados; os mistérios luminosos às quintas-feiras, que é por excelência o dia da semana dedicado à Eucaristia; os mistérios dolorosos às terças e sextas-feiras; e os mistérios gloriosos às quartas-feiras e domingos.

Tudo é uma questão de disciplina, e, mesmo sendo padre, não posso negar o quão difícil é rezar sem se dispersar em algum momento. Cheguei, como disse, a cogitar não rezar mais o Terço por causa de preocupações com atendimentos e outras tarefas que me vinham à mente. Porém, depois da inspiradora conversa que tive com meu diretor espiritual, compreendi que a melhor conduta era deixar que a concentração voltasse naturalmente, sem que eu parasse de rezar os mistérios.

São Pio de Pietrelcina também é um exemplo de devoção ao Santo Rosário. Certa vez, confidenciou sua vontade de que o dia tivesse mais horas para dispor de mais tempo de oração. De fato, um de seus melhores amigos, frei Paolo, falecido em 2012, confirmou que Padre Pio fez do Rosário sua arma mais poderosa contra o inimigo, e por isso sempre estava com ele nas mãos. Chegava a rezá-lo de quinze a vinte vezes diariamente, atingindo uma média de 2.500 Ave-Marias todo santo dia. E nós achamos que rezamos muito!

Reforço que a recitação do Terço nos leva a Jesus por intermédio de Maria. Portanto, trata-se de uma oração cristocêntrica. O diabo não gosta que se reze o Terço, pois se sente flagelado a cada recitação e foge de quem o faz. São João Maria Vianney, o Cura d'Ars, dizia: "Com esta arma, afastei muitas almas do diabo." E não poderia ser diferente, uma vez que o Credo, oração que representa nossa profissão de fé e com a qual começamos a rezar o Terço, é uma oração de proteção, assim como o Pai-nosso.

Há quem considere a repetição das Ave-Marias um trabalho exaustivo e até "chato". Costumo dizer que, se rezamos sozinhos, parecemos gralhas irritantes, mas tudo muda quando o fazemos com Maria e por Maria.

"Padre, o que isso quer dizer?"

Entre no mundo dessa oração como quem assiste a um filme em três dimensões. Deixe-se transportar para aquele cenário que lhe vem à mente e vivencie junto com Maria os fatos sobre os quais está meditando: esteja com ela na estrebaria enquanto dá à luz Jesus, ajude-a a cuidar do Menino e adore-o, vá com ela apresentá-lo no templo, às bodas de Caná, à Última Ceia e aos pés da Cruz... Compareça ao Cenáculo e receba a efusão do Espírito Santo. Junto com os anjos, coroe-a como Rainha do céu e da terra... Dessa forma, ainda que a boca repita sempre a mesma oração, nosso pensamento e nosso coração estarão cheios de inspiração a cada novo encontro com Maria e Jesus.

O Terço é, sem dúvida, a oração mais poderosa nas batalhas que enfrentamos em nosso próprio Cerco de Jericó.

MARIA E A EUCARISTIA

São João Paulo II, em sua encíclica *Ecclesia de Eucharistia*, nos orientou a refletir sobre o vínculo existente entre Maria e a Eucaristia. No capítulo intitulado "Na escola de Maria, mulher 'eucarística'", afirma que ela "pode guiar-nos para o Santíssimo Sacramento porque tem uma profunda ligação com Ele" (*Ecclesia de Eucharistia*, 53). E o Sumo Pontífice esclarece o porquê: "Maria, na Anunciação, concebeu o Filho divino também na realidade física do corpo e do sangue, em certa medida antecipando nela o que se realiza sacramentalmente em cada crente quando recebe, no sinal do pão e do vinho, o corpo e o sangue do Senhor" (*Ecclesia de Eucharistia*, 55).

Maria, ao oferecer seu ventre para a encarnação do Verbo de Deus, praticou precocemente a Fé Eucarística e, por isso, nos conduz a ela; há, portanto, uma correlação entre o "amém" ("assim seja") que respondemos ao receber o Corpo de Cristo e o *fiat*, expressão do latim que significa "faça-se", dito por Maria em resposta à vontade de Deus. Ao dizê-lo, nós também estamos aceitando gerar Cristo em nós pela força do Espírito Santo.

Maria viveu sob a perspectiva sacrifical desde o momento em que apresentou o Menino Jesus no Templo até a crucificação. Aquele sacrifício oferecido sobre a Cruz está presente em toda Celebração Eucarística, embora de modo incruento, ou seja, sem derramamento de sangue. No entanto, trata-se do mesmo Jesus, em Corpo e Sangue, alma e divindade, que Maria deu à luz.

Maria louva o Pai com Jesus, por Jesus e em Jesus. Esse também é o sentido da recepção da Eucaristia: transformar nossa vida em um louvor das maravilhas de Deus, com o coração repleto de Jesus.

Sei que há muitas pessoas cansadas de lutar e de rezar, mas, nesses momentos de profunda escuridão, lembremos que Nossa Senhora está sempre nos oferecendo um abrigo: "Vem, meu filho! Gerar-te-ei novamente para a graça."

Assim, às mães que estão sofrendo com e por seus filhos, recomendo que peçam a Nossa Senhora para levá-los até seu ventre e gerá-los novamente, no Espírito Santo. Por nove meses ela abrigou o Verbo de Deus e pode reconduzir todo aquele que necessite à graça do Pai.

Nunca ouvi falar de alguém que tenha alcançado a santidade sem uma devoção a Nossa Senhora. São Francisco de Sales disse: "Não existe devoção a Deus sem amor à Santíssima Virgem." Deixe-se, portanto, trabalhar por ela. Certamente você verá a graça acontecer e todas as muralhas caírem.

Oração

A Nossa Senhora dos Anjos

Augusta Rainha dos Céus,
Altíssima e soberana Senhora dos Anjos.
A vós, que desde o princípio recebestes de Deus o poder
e a missão de esmagar a cabeça de satanás,
nós suplicamos humildemente
que envieis vossas legiões santas
para que, sob as vossas ordens e por vosso poder,
persigam os demônios, combatam-nos por toda parte,
reprimam sua audácia e os precipitem no abismo.
Ó, Mãe de bondade e ternura,
vós sereis sempre o nosso amor e a nossa esperança!
Ó, Mãe de Deus, enviai os santos anjos para nos defender
e afastar para longe de nós o cruel Inimigo.
Santos Anjos e Arcanjos, defendei-nos e guardai-nos.
Amém.

Sub tuum praesidium

À vossa proteção recorremos,
Santa Mãe de Deus.
Não desprezeis as nossas súplicas
em nossas necessidades,
mas livrai-nos sempre de todos os perigos,
Virgem gloriosa e bendita.
Amém.

AGORA ESCREVA, EM UM DOS BLOCOS DA MURALHA, MAIS UM
OBSTÁCULO QUE VOCÊ DESEJA DERRUBAR EM SUA VIDA.

CAPÍTULO 10

TOMANDO POSSE DA TERRA PROMETIDA, CUJO REI É JESUS CRISTO

Uma das grandes preocupações ou curiosidades dos cristãos é saber quando Jesus Cristo voltará. De que Ele virá não temos dúvidas. Afinal, isso é vaticinado em nossa profissão de fé: "(...) está sentado à direita de Deus Pai todo-poderoso, donde há de vir a julgar os vivos e os mortos (...)." No entanto, como o próprio Jesus salientou, somente o Pai sabe quando isso acontecerá (cf. Mt 14, 30-36).

Será que, se soubéssemos com exatidão a data do retorno do Senhor, nós nos esforçaríamos mais?

Já houve quem se desse ao trabalho de contar quantas vezes é citada no Novo Testamento a volta de Jesus. Não me recordo da fonte dessa informação, mas confesso que me parece uma preocupação irrelevante. O que realmente importa, no fundo, é que

Jesus nos confiou a missão de estabelecer seu reino no meio de nós até a sua volta, independentemente de quando ela aconteça.

Para tanto, recebemos dons e talentos que precisamos multiplicar. A esse respeito, resgato aqui a parábola das minas que nos foi contada por Jesus (cf. Lc 19, 11-28). Nesse texto, um homem está prestes a viajar a um lugar distante para ser coroado rei:

Chamou dez dos seus servos e deu-lhes dez minas, dizendo-lhes: "Negociai até eu voltar." Mas os homens daquela região odiavam-no e enviaram atrás dele embaixadores, para protestarem: "Não queremos que ele reine sobre nós." Quando, investido da dignidade real, voltou, mandou chamar os servos a quem confiara o dinheiro, a fim de saber quanto cada um tinha lucrado. Veio o primeiro: "Senhor, teu dinheiro rendeu dez vezes mais." Ele lhe disse: "Muito bem, servo bom; porque foste fiel nas coisas pequenas, receberás o governo de dez cidades." Veio o segundo: "Senhor, teu dinheiro rendeu cinco vezes mais." Disse a este: "Sê também tu governador de cinco cidades." Veio também o outro: "Senhor, aqui tens teu dinheiro, que guardei embrulhado num lenço; pois tive medo de ti, por seres homem rigoroso, que tiras o que não puseste e ceifas o que não semeaste." Replicou-lhe ele: "Servo mau, pelas tuas palavras te julgo. Sabias que sou rigoroso, que tiro o que não depositei e ceifo o que não semeei... Por que, pois, não puseste o meu dinheiro num banco? Na minha volta, eu o teria retirado com juros." E disse aos que estavam presentes: "Tirai-lhe a mina, e dai-a ao que tem dez minas." Replicaram-lhe: "Senhor, este já tem dez minas!..." "Eu vos declaro: a todo aquele que tiver, lhe será dado; mas, ao que não tiver, lhe será tirado até o que tem. Quanto aos que me odeiam, e que não me quiseram por rei, trazei-os e massacrai-os na minha presença."

Peço licença para inverter a ordem dos fatos e começar minha explanação pelo final da parábola, pois trata-se de um ponto importante a ser reforçado sobre a nossa dedicação ao discipulado de Jesus. Certamente, com base na premissa de que a misericórdia é um atributo de Deus, pode parecer inconcebível que Jesus tenha recorrido a uma história com a seguinte declaração final: "Quanto aos que me odeiam, e que não me quiseram por rei, trazei-os e massacrai-os na minha presença." Então, como explicar tal afirmação expressa no encerramento dessa narrativa?

A resposta é simples. Temos de lembrar que as parábolas registradas na Bíblia não são eventos reais e tampouco um descritivo das ações de Deus. Uma ótima definição sobre este gênero literário bíblico foi dada pelo Frei Carlos Mesters: *"Uma parábola é uma espécie de comparação ou imagem, tirada da realidade da vida para esclarecer uma outra realidade, relacionada com o reino de Deus."*

Jesus recorria a elas para transmitir mensagens e ensinamentos. A parábola em questão tem como cenário de fundo a trajetória do filho mais velho e sucessor do rei Herodes, chamado Arquelau. Conhecido pela crueldade e a tirania herdadas do pai, ele seguiu para Roma a fim de solicitar ao imperador César Augusto a sua confirmação no trono como rei. Diante dos protestos de uma comitiva do povo judeu, que também viajou para Roma, conseguiu apenas o título de tetrarca, isto é, governante de um quarto do reino. Provavelmente, a ordem de "massacrar os inimigos na sua presença" faz alusão à fúria de Arquelau direcionada a seus opositores.

Quanto a nós, a maior lição que podemos aprender por meio desta parábola refere-se ao próprio Jesus, o Rei dos reis, e ao destino daqueles que não o aceitam como seu único Deus e Salvador. Portanto, ela deve ser entendida não como uma determinação em si, mas, antes e sobretudo, como uma advertência que nos é feita por meio de uma espécie de "choque de realidade". Opor-se a Jesus e ao seu projeto de salvação é permanecer preso à realidade cruenta do mundo em que vivemos, regido pela lógica do Inimigo, que está sedimentada sobre o pecado, o sofrimento e a morte. Jesus se insurge contra tudo isso ao propagar a lógica do amor, e o trecho em questão se refere justamente ao extermínio de todo esse mal.

Por isso, todos os dias nós temos de nos perguntar se estamos trabalhando pelo Reino do Senhor ou contra ele, isto é, a favor das atrocidades disseminadas pelo Inimigo. Por mais que verbalizemos nossa crença em Deus, muitas vezes nossas atitudes nos contradizem, e não nos posicionamos como súditos que trabalham de forma diligente pelo seu Reino. É para essa disparidade que Jesus profere a sentença de morte. Ele é o Senhor do Universo e voltará para tomar posse do seu Reino, quando também realizará o julgamento dos vivos e dos mortos. Nesse tempo de espera da vinda de Jesus, precisamos nos preparar.

NÃO TENHA MEDO DE SE ARRISCAR EM DEUS

Voltemos agora ao início da narrativa. Ao partir, o homem deixa dez minas para seus servos, com a recomendação de que procurem "negociar" até o seu retorno.

Reflitamos sob a perspectiva do ensinamento de Deus. Ele nos deu a vida, acrescentando nesse "pacote" inúmeros dons e talentos. Como se não bastasse, fez conosco uma aliança: "Sereis o meu povo, e eu, o vosso Deus" (Jr 30, 22). Num ato inigualável de amor, também nos deu Jesus, seu Filho, que por sua vez nos incumbiu de evangelizar e formar outros discípulos mundo afora (cf. Mt 28, 18-20). Evidentemente, bens espirituais não podem ser objeto de uma simples negociação, mas a analogia que podemos, e devemos, fazer com base na parábola é em relação à grande missão de construirmos, com base em tudo o que nos foi entregue — vida, dons e talentos —, uma existência melhor, segundo o Reino de Cristo.

As atitudes dos servos que receberam as moedas também encerram um valioso ensinamento. O primeiro fez o dinheiro render bastante: dez vezes. O segundo também, porém em uma proporção menor. Já o terceiro não obteve rendimento algum porque se deixara dominar pelo medo e enterrara as moedas.

Como servos de Deus, temos de ser produtivos na propagação do Reino. Esse é o rendimento que nosso Rei nos cobra. Não obstante, quantas vezes não enterramos nossos pequenos tesouros por medo de errar e não avançamos na vida?

Sei que acertar não é fácil. Eu também erro muitas vezes e sofro com meu perfeccionismo. Devo confidenciar que estar à frente da obra Evangelizar é Preciso e de tudo o que diz respeito à condução de uma porção do rebanho de Deus constitui uma batalha diária, mas foi essa a missão que Ele me confiou.

A probabilidade de errar existe? Com certeza! Mas ficar pensando nisso não ajuda em nada — e, no meu modo de ver, acaba sendo um pretexto para não sairmos de nossa zona de conforto. Deus me deu minas para administrar e eu aceitei esse desafio. E digo sempre a todos os meus colaboradores: "Sejam ousados e criativos! Mesmo correndo o risco de não dar 100% ou 50% certo, vamos correr atrás dos 30% possíveis. Se houver empenho, já terá valido a pena!"

Para nos convencermos, basta pensar no exemplo de quem cozinha para a família e faz a mesma comida todo santo dia porque tem medo de "arriscar" um cardápio diferente e não agradar. Durante um bom tempo, tudo parece estar em ordem, mas, em dado momento, alguém vai reclamar de que não aguenta mais comer sempre a mesma refeição. Moral da história: não podemos ter medo de arriscar, pois é errando que se aprende. A simples tentativa de manipular os temperos de uma forma diferente já é indício da presença de um bom cozinheiro. Ele pode até não estar preparado para ser um grande *chef*, mas tudo é uma questão de tempo.

A vida é movimento, e Deus quer que sejamos dinâmicos, o que para mim é uma interpretação precisa daquela passagem em que Jesus recomenda aos doze apóstolos para serem astutos como a serpente e simples como as pombas (cf. Mt 10, 16).

Perguntemos a nós mesmos, então, o que temos feito. Estamos enterrando os talentos recebidos ou nos empenhando em multiplicá-los?

O Senhor quer mais de nós, pois já saímos na frente com a vitória de Cristo. Também contamos com a Palavra de Deus, que é nossa grande elucidação, e os sacramentos, que são nosso suporte. Além disso, temos a oração, que é a nossa grande arma na derrubada das muralhas.

O que nos prende ao "homem velho" (cf. Cl 3, 9)? São Paulo diz que estávamos espiritualmente mortos por causa de nossos pecados, até que Deus nos resgatou em Cristo. O que, porém, ainda nos prende em nossa "casca"?

A lagarta passa por um longo e minucioso processo de metamorfose até se transformar em borboleta. Costumo compará-lo ao trabalho de sermos lapidados e regenerados em Deus até estarmos completamente purificados. Nesse caminho, temos dificuldade de lidar com as mudanças, o medo nos escraviza, mas precisamos entender que essas são etapas inevitáveis para a nossa evolução e dizer com convicção: "Se existem muralhas, em Deus, eu proclamo a vitória, e elas vão cair! Se existem barreiras, em Deus eu as vencerei!"

Não aceite ser refém de seus medos e fraquezas nem da distância que você mesmo criou entre sua vida e o plano de Deus. Não se lamente ou se justifique o tempo todo, como se estivesse colocando suas minas em um lenço, dando um nozinho e as enterrando por medo, como fez um dos empregados da parábola.

APROVEITE OS DONS E AS POSSIBILIDADES QUE DEUS OFERECE

Como disse São Paulo, deixe o "homem velho" para trás e inicie uma vida nova. Para isso, em primeiro lugar, é importante sermos fiéis a Deus. Não importa o que aconteça: não podemos nos rebelar contra nosso Criador, que conhece o que é melhor para nós. Ele possui um projeto de amor, e nossa felicidade consiste em aderir a esse projeto.

A firmeza de propósito nos ajuda a seguir confiando em Nosso Senhor, com a certeza de que Ele é o rochedo que nos salva. Não se trata de acreditar de forma passiva nas promessas do Criador, permanecendo com os braços cruzados, e sim de agir para sermos merecedores da Sua Graça.

Essa é uma "dinâmica" para a qual temos de nos abrir. Deus nos oferece todas as armas para vencermos as batalhas e para derrubarmos as muralhas que hoje são obstáculos em nossa vida.

No início deste livro, ao reviver os fatos relativos ao Cerco de Jericó e à vitória dos israelitas, confesso que fiquei verdadeiramente maravilhado com cada lance dessa trajetória de fé e perseverança: a diligência dos sacerdotes ao segurarem a Arca da Aliança para os hebreus atravessarem o rio Jordão, as intercessões, as orações, os gritos, o toque das trombetas, as voltas ao redor da muralha e, por fim, sua queda. É impressionante como Deus é poderoso e magnífico!

Pode ficar de boca aberta, mas eu afirmo com toda a convicção que nós temos algo ainda mais poderoso do que o povo que conquistou a Terra Prometida.

"Como assim, Padre?!"

Sim! Se eles eram sacerdotes, lembremo-nos de que, graças ao sacramento do Batismo, hoje todos nós somos sacerdotes do Senhor. No meu caso, sou ordenado, mas pelo batismo somos todos sacerdotes, profetas e reis. Certamente, eles contavam com a Arca da Aliança, com seus querubins, mas, como já ressaltei, nós temos a grande e eterna Arca da Aliança, que é Jesus no ostensório!

Se, no Antigo Testamento, a Arca era poderosa e guardava o maná, a vara e as tábuas da Lei, nós temos escondido na Hóstia Santa o próprio Jesus Cristo, vitorioso e ressuscitado! Ele é o Senhor que está acima de tudo — do céu, da terra, do inferno — e cujo Nome, ao ser pronunciado com autoridade, faz o cosmo estremecer.

Por isso, não me canso de repetir: a maravilha daquela muralha derrubada é muito pequena diante do quanto nós podemos realizar se nos dermos conta do poder da Arca da Aliança, que é Cristo vivo no Cerco de Jericó de nossa vida. Se no passado as trombetas eram acionadas, hoje é o brado, o clamor do povo de Deus, com cada integrante seu imbuído da força de um sacerdote pedindo uma gota do Sangue de Nosso Senhor, que nos levará à vitória e à libertação.

Temos, ainda, outro reforço poderosíssimo, que é a presença de Nossa Senhora, augusta Rainha dos Anjos, que vem em nosso auxílio, abre os caminhos e pisa a cabeça da Serpente.

Diante de tantas maravilhas, que dificuldade não será superada? Qual muralha não cairá?

Aqui, é mais do que oportuno retomar a constatação feita por Nosso Senhor Jesus: "Eu vos declaro, em verdade: muitos profetas e justos desejaram ver o que vedes e não o viram, ouvir o que ouvis e não ouviram" (Mt 13, 17).

De fato, nós somos muito privilegiados por poder ouvir a Palavra e estar com Jesus na Eucaristia, recebendo-o como alimento de nossas almas.

O apóstolo Paulo nos recomenda buscar as coisas do alto (cf. Cl 3, 1). Façamos isso, pois, e despertemos em nós o desejo do Céu. Paremos de nos interessar só pelas coisas do mundo; isso é um grande perigo para a nossa vida cristã, porque assim nos nivelamos por baixo. Não que não seja importante, mas, muitas vezes, quando pedimos, rezamos, intercedemos e rogamos, ficamos limitados ao plano material. Percebo isso ao organizar novenas e adorações: quando o tema proposto para as intenções de oração é algo imaterial ou intangível, como uma das virtudes cardeais, por exemplo, a adesão tende a ser menor.

Filha, filho, isso é um grave equívoco! Precisamos perceber que caminhar de maneira virtuosa é tão importante quanto a cura para um mal físico. Ninguém quer morrer, assim como eu também não quero, pelo menos não por enquanto, pois sinto que ainda tenho muito a realizar. Não estou sendo insensível, apenas proponho um novo ponto de vista para esse dilema: se todos nós vamos morrer e esse é um processo inevitável — certamente, esperneamos para tentar adiar o derradeiro momento (eu também), contudo a verdade é que não dá para fugir dele —, não seria melhor, ainda que disponhamos de menos tempo para viver, fazê-lo de forma virtuosa, em vez de ter uma vida prolongada e imersa no pecado, colocando em risco a nossa salvação?

Aproveitemos, portanto, essa poderosa presença do Senhor para derrubar todo tipo de muralha que nos cerca, começando pela falta de fé. Busquemos mais as coisas do Céu, pois é lá que está o verdadeiro tesouro e, por conseguinte, o nosso coração (cf. Mt 6, 21). Por isso, quando o foco do interesse não está voltado para Deus, nosso coração se perde.

VOLTE-SE PARA DEUS E TODAS AS MURALHAS CAIRÃO

Eu, Padre Reginaldo, acredito muito na força da oração e em todas as intercessões — sobretudo a de Nossa Senhora e do Arcanjo Miguel — de que dispomos para alcançar as graças pedidas, mas não devemos nos prender apenas às coisas materiais. Certamente, podemos rogar que o Senhor nos ajude a superar doenças graves, crises financeiras, desemprego etc. Essas tribulações fazem parte da nossa realidade, porém tudo isso é pouco perto do que Deus quer nos oferecer.

Podemos transformar o mundo e consolidar o Reino de Deus, mas não o fazemos. E sabe o porquê? Porque ainda não estamos convictos de qual é o nosso verdadeiro tesouro. Temos o mapa nas mãos, mas não sabemos distinguir a maior de todas as riquezas. O Reino dos Céus está no alto, mas não olhamos para cima e seguimos catando pedrinhas preciosas aqui embaixo. E, ao nos enlevarmos apenas com o que é aparente, perdemos a pista do Reino. Ele é como um tesouro escondido em um campo; quem encontra esse tesouro vende tudo o que tem para comprá-lo — não pelo terreno em si, mas pelo que ele guarda. Esse tesouro, em primeira e última instância, é Jesus (cf. Mt 13, 44). Sem esse tesouro inestimável, não temos força para derrubar muralhas.

Para buscarmos as coisas do alto, o apóstolo Paulo recomenda justamente que nos libertemos das aparências, das paixões desordenadas, das impurezas e dos desejos maus (cf. Cl 3, 5).

Alguém pode pensar: "Mas, padre, isso é tão comum!"

Um erro pode até ser comum, mas isso não faz dele algo aceitável.

Nossa "primeira natureza", criada por Deus, é essencialmente boa. Para além dela, há o que chamamos de "segunda natureza", ou seja, aquilo de bom e de ruim que adquirimos em nossa existência terrena — respectivamente, as virtudes, os defeitos ou vícios. Mentira, egoísmo, soberba, idolatria, cobiça, desonestidade e uma lista infindável de condutas perniciosas fazem parte desse lado obscuro que coabita em nós.

Por exemplo, uma pessoa que mente muito acaba acreditando nas próprias mentiras, evidenciando uma visão turva da realidade. O mesmo vale para quem pratica a desonestidade e a corrupção; não raro, corruptos são pegos e alegam que essa é uma prática comum. Na verdade, nesses casos o mal feito já foi de tal forma assimilado que acaba moldando a própria (segunda) natureza.

Em contrapartida, ao nos aproximarmos de Jesus, queremos que a natureza d'Ele se incorpore à nossa, fazendo sobressair o lado virtuoso. É por isso que rezamos e comungamos regularmente, para que o bem entre no "modo automático" do nosso viver. Nesse sentido, ser bom, honesto e caridoso é como adquirir uma nova vida ou uma nova natureza, na qual todas as muralhas serão derrubadas.

Porém, nós mesmos criamos resistências e obstáculos para essa vida nova em Cristo. Quer muralha mais difícil que o egoísmo? Se duvidar, construímos um fosso em volta dela e até criamos ali um jacaré de estimação para ninguém chegar perto...

Quanto maiores são as muralhas, menor é a amplitude da nossa visão do horizonte e do que está no alto. Voltemos, pois, nosso interesse para Deus e para as coisas do Reino, pois isso por si só já faz desmoronar muitas muralhas!

A propósito, além das muralhas, quero aproveitar e derrubar também o mito de que elas são construídas unicamente pelo Inimigo. Não é mesmo?

Nem sempre! Ouso dizer que o Inimigo faz a fundação, mas somos nós que pegamos a carriola cheia de pedras e erguemos esses muros, ficando à mercê da nossa cegueira espiritual, cercados por pecados e vícios.

É claro que o Inimigo dá uma baita força e vai cimentando todo esse entulho; afinal, ele tem interesse em que a muralha seja firme e quer dificultar qualquer trabalho de limpeza. Por isso, temos de parar de agir como mestre de obras do demônio e virar especialistas na demolição de suas barreiras.

Reforço novamente a presença tão acessível de Jesus Cristo vitorioso e glorioso. Podemos ouvi-lo nos Evangelhos, podemos ver e comungar seu Corpo e Sangue em toda Missa, sempre que em estado de graça. Isso até me leva a pensar que a demolição das muralhas é mais bem-sucedida quando feita por implosão, ou seja, de dentro para fora. Não se trata de delírio de padre, não: os hebreus viam a Arca e, no máximo, podiam tocá-la; agora Nosso Senhor Jesus Cristo nos deu uma prerrogativa muito maior ao se deixar ser nosso alimento.

Portanto, participemos das Celebrações Eucarísticas, sejamos assíduos aos sacramentos, sobretudo a Confissão, e perseverantes na oração. Essas são práticas verdadeiramente poderosas e determinantes na definição dos vencedores e perdedores.

Existem muitas muralhas a serem derrubadas, e quanto mais compreendermos a maravilha e a imensidão dos desígnios divinos, apegando-nos a Cristo, o Deus do impossível, e deixando-nos renovar pelo Espírito Santo, maior será a nossa vitória.

Oração

De renúncia

Em teu nome, Senhor Jesus, eu renuncio a todo pecado.
Renuncio a Satanás, a suas seduções, suas mentiras e promessas.
Renuncio a qualquer ídolo e a toda idolatria.
Renuncio à minha intransigência em perdoar.
Renego o ódio, o egoísmo e a arrogância.
Renuncio a tudo o que me fez esquecer a vontade de Deus Pai.
Afasto de mim a preguiça e o bloqueio psíquico,
a fim de que Tu possas entrar em meu ser.
Ó, Maria, Mãe querida, ajuda-me a esmagar a cabeça de Satanás!
Amém.

AGORA ESCREVA, EM UM DOS BLOCOS DA MURALHA, MAIS UM OBSTÁCULO QUE VOCÊ DESEJA DERRUBAR EM SUA VIDA.

CONCLUSÃO

Cada vez que procuro, por meio da leitura orante, entrar na cena do sétimo dia de orações do pequeno e indefeso povo de Israel diante da muralha de Jericó, algo especial acontece: ao pensar nas muralhas caindo, meu interior estremece e, em uma explosão de alegria, me ponho a louvar a Deus!

Imagine os gritos de aleluia e os hosanas, as trombetas tocando bem alto em meio ao barulho das pedras que caíam, num estrondo grandioso... A cena é digna de um filme épico de grande produção cinematográfica!

O mesmo se dá quando rezo dessa forma ao contemplar a cena do Cerco de Jericó de Nosso Senhor Jesus Cristo, isto é, os sete dias da Semana Santa que culminam na madrugada da Ressurreição, quando a "grande pedra" (não é mero acaso!) que fechava à entrada do sepulcro rolou. De forma simples e despretensiosa podemos, então, compreender que a queda da muralha de Jericó prefigura a desobstrução da sepultura do Senhor. No entanto, se antes se constituiu em uma vitória pontual e limitada, em Cristo tornou-se definitiva e eterna.

Voltando a refletir sobre o Cerco de Jericó de Josué, há de se pensar na pós-destruição da muralha. Passado o grande e épico feito, chegou o momento de seguir adiante. Creio que foi quando o povo de Deus e o próprio Josué tiveram de se preocupar em se "estruturar" sobre os escombros. Se, por muito tempo, gastaram energia para derrubar a última resistência que os impedia de tomar posse da Terra Prometida, talvez, na sua ausência, eles compreenderam que derrubar a muralha não era o fato derradeiro da missão, mas apenas uma etapa. O projeto era bem maior.

A muralha de Jericó ruiu, e um novo desafio se apresentava ao povo de Deus. Tratava-se do momento de tomar posse da Terra Prometida, porém sem repetir os erros do passado. Não se poderia iniciar uma nova sociedade com base no modelo existente no Egito, onde eram escravos, muito menos seguir os povos vizinhos, que eram pagãos e idólatras. Chegara a hora de erguer uma nova nação cujo soberano era Deus, o libertador. Sabemos que, embora tivessem recebido lições profundas e treinamento suficiente, no deserto a missão não era fácil.

Da mesma forma, nós também não podemos nos iludir. Derrubar as muralhas não pode ser a razão última da nossa vida. Aqui cabe perguntar: O que fazer com os destroços?

Aproveito para dizer que, mesmo nas celebrações do Cerco de Jericó realizadas em nossas comunidades, as quais têm atraído o povo de Deus e tanto bem nos proporcionam, é preciso ficar atento para não se tornarem um fim em si mesmas. Não por acaso, em seu pontificado, o Papa Francisco tem insistido na "necessidade de construirmos pontes".

Embora sejamos responsáveis pelas próprias muralhas que edificamos, Deus não rejeita nenhum aspecto da nossa vida, mesmo os mais encardidos, sujos e imersos no pecado; pelo contrário, Ele os redime e os ressignifica no "Sangue do Cordeiro". Assim, também somos chamados, em vista do fim último, isto é, da nossa salvação e da salvação de todo o gênero humano, à reconstrução da nossa "terra prometida" já e agora. Os escombros serão apenas isso se não dermos um sentido a eles.

Em nossas pequenas ou grandes vitórias, nas quais vemos as muralhas sucumbirem, não podemos esquecer a etapa de reconstrução, com os desafios de uma "nova vida" que ela acarreta e, portanto, um "novo mundo".

É verdade que já somos fruto da "grande muralha" que Jesus destruiu na porta do sepulcro — uma vitória definitiva e eterna. Não obstante, guardadas as diferenças de contexto, creio que vivenciamos neste momento um dilema semelhante àquele experimentado pelo povo de Israel na posse de Canaã: somos vitoriosos, temos nossa "terra prometida", mas como iremos tomar posse dela? Como evitar que novas muralhas se ergam em nossa caminhada de peregrinos neste mundo?

Nossa memória histórica é muito restrita, e, quando não se aprende com os erros do passado, corre-se um grave risco. Todos nós vibramos com a queda do Muro de Berlim, em 1989, mas outros muros vergonhosos continuam existindo, separando nações e impedindo o acolhimento do povo que sofre com diversos flagelos. Nós nos tornamos coniventes com os muros invisíveis, porém reais ao extremo, a ponto de manter populações impossibilitadas de terem acesso a direitos básicos, como educação, saúde e dignidade.

Vivemos o tempo de protagonizar nossa própria reconstrução, gerando famílias saudáveis e cristãs. Dia a dia, passo a passo, é nossa missão anteciparmos o quanto possível o novo céu e a nova terra em Jesus Cristo, neste Reino por Ele conquistado pela Cruz e Ressurreição. Se seguirmos firmes nesse propósito, o que nos aguarda é um Reino de justiça e de paz.

Como gratidão a Deus pelas "muralhas derrubadas", podemos com alegria nos dispor a ajudar mais o próximo, a ter uma participação mais regular na Igreja e a cooperar mais com a comunidade!

Não creio ser mera coincidência encontrarmos, no Livro do Apocalipse, passagens que se apresentam como uma espécie de "Cerco de Jericó final". Embora não haja uma muralha de pedras a ser derrubada, o texto tem semelhanças com o primeiro Cerco ao descrever como, ao toque da trombeta, os anjos e os louvores anunciam a grande e definitiva conquista: "O sétimo anjo tocou a trombeta. Ressoaram então no céu altas vozes que diziam: 'O império de nosso Senhor e de seu Cristo estabeleceu-se sobre o mundo, e ele reinará pelos séculos dos séculos.' Os vinte e quatro Anciãos, que se assentam nos seus tronos diante de Deus, prostraram-se de rosto em terra e adoraram a Deus, dizendo: 'Graças te damos, Senhor, Deus Dominador, que és e que eras, porque assumiste a plenitude de teu poder real'" (Ap 11, 15-17).

Sem muralhas e distinção, neste Reino ninguém mais chorará ou ficará triste, pois não haverá morte, nem luto, nem dor (cf. Ap 21, 4). Tratar-se-á de uma festa sem fim — e, sinceramente, espero que nos encontremos por lá!

REFERÊNCIAS BIBLIOGRÁFICAS

Bíblia Ave-Maria. São Paulo: Ave-Maria, 1959.

Bíblia de Jerusalém. São Paulo: Paulus, 2002.

Bíblia Sagrada. Edição pastoral. São Paulo: Paulus, 2005.

Bíblia Sagrada. Nova tradução na linguagem de hoje. São Paulo: Paulinas, 2011.

Carlos Mesters. *Curso de Bíblia "Deus, onde estás?"*. Belo Horizonte: Editora Veja, 1976.

Catecismo da Igreja Católica: Edição Típica Vaticana. São Paulo: Edições Loyola, 1999.

João Paulo II. Carta encíclica *Ecclesia de Eucharistia*. São Paulo: Edições Paulinas, 2003.

São Tomás de Aquino. *O Pai-nosso e a Ave-Maria*. Rio de Janeiro: Permanência, 2003, edição eletrônica.

São Tomás de Aquino. *Suma teológica*, 5 vols. Campinas: Ecclesiae, 2016.

Trese, Leo J. A *fé explicada*. São Paulo: Quadrante Editora, 2007.

YOUCAT: *Catecismo Jovem da Igreja Católica*. São Paulo: Paulus Editora, 2012.

DIREÇÃO EDITORIAL
Daniele Cajueiro

EDITOR RESPONSÁVEL
Hugo Langone

EDIÇÃO DE TEXTO
Marco Polo Henriques
Cleusa do Pilar Marino Sieiro

PRODUÇÃO EDITORIAL
Adriana Torres
Thais Entriel

REVISÃO
Rita Godoy

PROJETO GRÁFICO DE MIOLO E ILUSTRAÇÕES
Leandro Liporage

DIAGRAMAÇÃO
Filigrana

Este livro foi impresso em 2020
para a Petra.